Uta Reimann-Höhn

Einmal 1. Klasse, bitte!

So gelingt der Übergang vom Kindergarten in die Schule

Inhalt

Einleitung

Seit Beginn des letzten Kindergartenjahres beschäftigen Sie sich in Gedanken immer öfter mit dem bevorstehenden Schuleintritt Ihres Kindes. Ihre Tochter oder Ihr Sohn bereitet sich im Kindergarten wahrscheinlich schon mit anderen Schulanfängern auf die Schule vor. Vielleicht schwingen bei Ihnen neben Stolz und Vorfreude auch Ängste und Befürchtungen mit oder Erinnerungen an die eigene, nicht so glückliche Schulzeit werden wach.

Ein neuer Abschnitt im Leben Ihres Kindes beginnt.

Dieses Buch möchte Sie dabei unterstützen, Ihrem Kind einen guten Schulstart zu ermöglichen. Mit dem ersten Schultag beginnt für jedes Kind und seine Familie ein neuer Lebensabschnitt, der ganz neue Herausforderungen mit sich bringt. Die großen Entwicklungsschritte, die Schulkinder machen, überraschen viele Eltern. Wenn sie am Ende des ersten Schuljahres an die Einschulung zurückdenken, ist die Kindergartenzeit längst in weite Ferne gerückt. Ihr Kind hat in nur einem Jahr lesen und rechnen gelernt, es hat neue Freundschaften geschlossen und seine Persönlichkeit weiterentwickelt. Es ist weniger anhänglich und wesentlich selbstständiger geworden.

Das bringt auch für Sie als Eltern große Veränderungen mit sich. Waren Sie bisher für Ihr Kind das Maß aller Dinge, so treten nun immer häufiger andere Personen an diese Stelle. Die Lehrerin oder der Lehrer werden zu anerkannten Autoritätspersonen und auch die Freunde Ihres Kindes werden immer wichtiger. Diese Entwicklung ist normal und gut. Der Lern- und Lebensort Schule eröffnet Ihrem Kind Chancen, die es mithilfe engagierter Lehrkräfte und der Rückendeckung seiner Eltern für seine weitere Entwicklung nutzen kann. Wenn Sie Ihr Kind dabei unterstützen, es loben und anspornen, gelingt ihm dies umso leichter. Je selbstständiger Ihr Kind wird, desto besser haben Sie als Eltern Ihren Erziehungsauftrag erfüllt.

Unterstützung von Anfang an

■ Die ersten Kapitel dieses Buches geben zunächst Antworten auf Fragen, die Eltern sich im letzten Kindergartenjahr stellen: Welche Anforderungen erwarten mein Kind in der Schule? Ist es schon schulfähig? Wann ist der richtige Zeitpunkt für die Einschulung? Ausführliche Tests und Checklisten für zu Hause und zur Vorbereitung eines Gesprächs im Kindergarten helfen Ihnen dabei, den Entwicklungsstand Ihres Kindes richtig einzuschätzen. Die weiteren Kapitel enthalten viele Informationen rund um die Einschulung, wichtige Untersuchungen, Anmeldefristen, Tipps zur Schulwahl, Ideen zur Gestaltung des ersten Schultages und Anregungen, wie Sie als Eltern das Lernen in der Schule von Anfang an unterstützen können.

Eltern und Kinder – ein gutes Team

Ab Seite 28 finden Sie vielfältige Anregungen zur Förderung Ihres Kindes – damit der Schulstart leicht gelingt. Dabei geht es nicht um ein Trainingsprogramm. Vielmehr gibt es zahlreiche Möglichkeiten, Kinder im Alltag sozusagen „nebenbei" zu fördern. Das erfordert von Ihnen Zeit und die Bereitschaft, sich intensiv mit Ihrem Kind auseinanderzusetzen. Aber dieser Einsatz lohnt sich! Vor allem im letzten Jahr vor der Einschulung werden die Weichen für eine gelungene Schulzeit gestellt. Besonders die Bereiche Grob- und Feinmotorik, Sprache, Sozialverhalten, logische und kognitive Fähigkeiten und Konzentration sind hier als bedeutende Lernfelder zu nennen.

Individuelle Unterstützung

■ Die Anregungen in diesem Buch sind für die meisten Kinder geeignet, sollten für das einzelne Kind jedoch möglicherweise modifiziert werden. Denn eines vermittelt dieses Buch auch: Jedes Kind ist anders – und das ist gut so! Und niemand kennt sein Kind besser als die eigenen Eltern. Jedes Kind hat seine Schwächen, aber auch seine Stärken und seine individuellen Bedürfnisse und Eigenarten. Sie unterstützen Ihr Kind am meisten, wenn sie seine Stärken stärken, es loben und seine Schwächen auszugleichen helfen. Vergleiche mit anderen oder mit dem „Durchschnittskind" können helfen, wirklich gravierende Entwicklungsdefizite zu erkennen, die möglicherweise professioneller Hilfe bedürfen. Sie sollten Ihr Kind jedoch unbedingt mit seinen Eigenheiten so annehmen, wie es ist. Positive Gefühle, Wertschätzung und Rückhalt in der Familie sind die Grundvoraussetzungen dafür, dass Lernen gelingen kann. Wenn Ihr Kind dies erfährt, kann es sich neugierig auf den neuen Lebensabschnitt Schule einlassen. Dann gelingt der Übergang und verspielte Kindergartenkinder werden zu interessierten und motivierten Schulkindern. <<<

Fördern Sie Ihr Kind in den verschiedenen Lernfeldern.

Bald kommt Ihr Kind in die Schule

Die Herausforderung gemeinsam meistern

Der erste Schultag erfüllt Kinder mit Stolz

■ Die meisten angehenden Erstklässler warten sehnsüchtig auf ihre Einschulung und freuen sich darauf, endlich zu den Großen zu gehören. Der eigene Ranzen, die bunte Schultüte mit den Geschenken, ein neuer Schreibtisch und die verheißungsvollen Fragen der Erwachsenen wecken in ihnen eine regelrechte Aufbruchstimmung. Sie sind aufgeregt, auch etwas nervös und ein klein bisschen ängstlich, aber fast alle fiebern dem ersten Schultag ungeduldig entgegen.

Einen großen Anteil an der positiven Sichtweise hat sicherlich der Kindergarten. Ein halbes bis ein Jahr vor der Einschulung werden die zukünftigen Schulkinder je nach Konzept oder Träger mehr oder weniger intensiv auf die Schule vorbereitet. Für die Kinder ist es also eine logische Entwicklung, dass nach dem Kindergarten die Schule kommt. Sie stellen den Wechsel nicht infrage, denn sie befassen sich in einer Gruppe Gleichaltriger mit dem Thema. Alexander, sechs Jahre, Eingangsklasse: „In der ersten Klasse muss ich dann Rechenarbeiten schreiben. Ich kann aber nur zwei Rechenaufgaben, nämlich 1 + 4 ist 5 und 5 + 5 ist 10. Arbeiten will ich aber auf keinen Fall schreiben. Ich werde alle Hefte zerreißen."

Das Selbstbewusstsein wächst

■ Vorschulkinder im Alter von fünf Jahren vermehren ihr Wissen und ihre Fähigkeiten in einem enormen Tempo. Auf der Grundlage ihrer in den vergangenen Jahren entwickelten Kompetenzen bauen sie diese nun sehr schnell aus und erweitern sie. Ihre Ausdrucksfähigkeit verbessert sich, sie hinterfragen Begebenheiten und verstricken sich gerne in Diskussionen. Sie verbringen immer mehr Zeit ohne ihre Eltern, entwickeln eine hohe Sensibilität gegenüber anderen, setzen sich gegen andere durch oder auch für andere ein, gewinnen und verlieren. Jungen und Mädchen treffen zunehmend eigene Entscheidungen und lösen Probleme selbstständiger.

Diese Lern- und Lebenserfahrungen sind eine hervorragende Vorbereitung auf die Anforderungen der Schule. Da viele von diesen außerhalb der Familie gemacht werden, also im Kindergarten, in der Sportgruppe, bei den Großeltern oder bei Freunden, sind die Veränderungen für Eltern nicht immer offensichtlich. Väter und Mütter begleiten im Gegensatz zum Kleinkindalter nicht mehr jeden kleinen Entwicklungsschritt und sind oft überrascht über den Lernzuwachs ihres Kindes. Lukas, Erstklässler: „Ich gehe dann mal in die Schule, lerne lesen und rechnen, finde viele neue Freunde. Und dann höre ich mit der Schule wieder auf, um mit meinen Freunden ganz viel Geld zu verdienen."

In den letzten Wochen vor der Einschulung spüren die Kinder die herannahende Veränderung und reagieren unterschiedlich darauf. Einige nutzen diese Zeit, um sich ganz intensiv der Nähe der Eltern zu versichern. Sie sind extrem anhänglich und fallen manchmal sogar für Momente in kleinkindhaftes Verhalten zurück.

Andere mimen den coolen Heranwachsenden und gehen auf Distanz. Kuscheln und Schmuseeinheiten werden seltener. Ihre Stimmungen schwanken und sind schlecht vorherzusagen, ein bisschen wie in der Pubertät. Dieses „Lampenfieber" lässt jedoch mit dem Tag der Einschulung wieder merklich nach.

Jedes Kind reagiert anders auf die bevorstehende Einschulung.

Gemischte Gefühle bei den Eltern

■ Viele Eltern können sich im Frühjahr noch überhaupt nicht vorstellen, wie ihr anhängliches Kindergartenkind in wenigen Monaten den Schulalltag meistern soll. Auch gut integrierte Kindergartenkinder spielen nachmittags häufig am liebsten zu Hause und interessieren sich nur bedingt für schulische Themen wie Lesen, Schreiben oder Rechnen. Ihre Frustrationstoleranz lässt oft noch zu wünschen übrig und wenn etwas nicht nach ihrem Willen läuft, werden sie schnell wütend. Insbesondere

Einzelkinder sind an die ungeteilte Aufmerksamkeit beider Elternteile gewöhnt. In der Schule müssen sie sich unterordnen, sind nur ein Kind von vielen. Werden sie das schaffen? Larissa, fünf Jahre, Kindergarten: „Wenn die Lehrerin mir keine 1 gibt, nehme ich meinen Hund mit in die Schule. Vor dem haben alle Angst. Und außerdem kann der dann auch mal was lernen."

Anders als bei den meisten Kindern ist der Lebensabschnitt Schule längst nicht für alle Erwachsenen positiv besetzt. Besonders Eltern, die schlechte Erfahrungen mit der Schule gemacht haben, befürchten, dass auch ihr Kind Probleme haben wird. Sie wissen sehr genau, dass das spielerische Lernen, das im Kindergarten im Vordergrund steht, bald einem ernsthaften Leistungsanspruch weichen wird. Schnell wird sich zeigen, ob ihr Kind den Anforderungen der Schule und der Lehrer gerecht werden kann. Manche Eltern beschäftigen sich vielleicht im Geiste schon mit den ersten Noten, mit Klassenarbeiten und Hausaufgabenfrust,

bevor ihr Kind auch nur einen Schritt in die Schule gesetzt hat.

Es ist verständlich, dass Eltern den Schulbeginn und die Vorbereitung darauf sehr ernst nehmen und sich schon lange vor dem ersten Schultag ausführlich informieren. Schließlich werden hier die Weichen für die Schullaufbahn und vielleicht das ganze berufliche Leben gestellt. Wer in der Grundschule schlecht abschneidet, aus welchen Gründen auch immer, hat schlechtere Bedingungen für den weiteren Schulweg als andere. Daher wünschen sich viele Eltern, dass ihr Kind im Kindergarten gut auf den Wechsel vorbereitet wird, sich auf die Schule freut und den Übergang in den neuen Lebensabschnitt problemlos bewältigt.

Vertrauen in die Kompetenzen des Kindes

■ Viele dieser Bedenken sind unbegründet, denn die meisten Kinder sind im Einschulungsalter durchaus dazu in der Lage, die Anforderungen von Schule und Unterricht zu erfüllen. Sie sind

Häufige Bedenken von Eltern vor dem Schulbeginn:

- Mein Kind hält den Leistungsdruck nicht aus.
- Mein Kind findet in der Klasse keine Freunde.
- Mein Kind kann sich nicht lange genug konzentrieren.
- Mein Kind fühlt sich einsam und möchte nach Hause.
- Mein Kind wird geärgert und kann sich nicht wehren.
- Spielen ist meinem Kind wichtiger als lernen.
- Der Schulweg ist für mein Kind eine zu große Belastung.
- Der Schultag ist für mein Kind zu lang.
- Der Schulranzen ist für mein Kind zu schwer.

vom Kindergarten im letzten Jahr auf die schulischen Anforderungen und den Wechsel in eine Schulklasse vorbereitet worden und im physisch-motorischen, psychisch-emotionalen und sozialen Bereich so weit entwickelt, dass sie diese neue Aufgabe bewältigen können.

Angst vor Überforderung

■ Trotzdem machen sich fast alle Eltern Sorgen, dass ihr Kind überfordert sein könnte. Fast jeder hat schon von einem Kind gehört, das Schwierigkeiten im ersten Schuljahr hatte. Kein Wunder! Dramatische Geschichten über Kinder, die in und an der Schule scheitern, haben einen viel größeren Mitteilungswert als Schilderungen über Kinder, die die Grundschule problemlos durchlaufen. Die Befürchtung, es könnte dem eigenen Kind ebenso gehen, ist bei vielen Eltern so groß, dass sie den negativen Berichten mehr Beachtung schenken als den positiven.

Da kommt schnell der Eindruck auf, jedes zweite Kind hätte in der Grundschule mit massiven Schwierigkeiten zu kämpfen. Doch dieser Eindruck trügt, auch wenn natürlich nicht alle Kinder problemlos in die Schule starten. Hat ein Kind über einen langen Zeitraum große Schwierigkeiten in der Schule, kann das unterschiedlichste Ursachen haben, die Lehrer, der Schularzt oder der Schulpsychologe genauer untersuchen. Gemeinsam wird dann nach der bestmöglichen Förderung und Unterstützung gesucht – zum Wohl des Kindes.

Welche Schule ist die beste?

■ In wenigen Bundesländern können sich Eltern aussuchen, welche Grundschule ihr Kind besuchen soll. In den meisten Ländern sind die Grundschulen an den jeweiligen Wohnort gebunden und Kinder können nur mit einer besonderen Genehmigung eine andere Schule besuchen. Anders sieht es bei den nicht wohnortgebundenen, staatlich anerkannten Privatschulen aus. Hier können Eltern ihr Kind direkt anmelden und hoffen, einen der meist begehrten Plätze zu ergattern. Das geschieht aus Sorge um eine gute Bildung immer häufiger in Deutschland. Besonders in größeren Städten und dicht be-

Privatschulen mit eigenen pädagogischen Profilen stellen Alternativen dar.

siedelten Gebieten steigt die Zahl der Grundschulen und weiterführenden Schulen in privater Trägerschaft seit einigen Jahren rasant.

Neben besonderen pädagogischen Konzepten (zum Beispiel Montessori, Waldorf) gehören Ganztagsbetreuung und früher Fremdsprachenerwerb fast immer zum Schulprogramm. Privatschulen werben mit individueller Förderung, kleineren Klassen, mehr Mitspracherecht der Eltern sowie modernen pädagogischen Konzepten. Immer mehr Eltern sind bereit, für diese Vorteile ein entsprechendes Schulgeld oder lange Anfahrtswege in Kauf zu nehmen, wenn ihr Kind dadurch bessere Startchancen bekommt.

Nur eine Stufe auf der Lebensleiter

■ In den letzten Wochen vor der Einschulung kann bei einem Kind leicht der Eindruck entstehen, nun würde sein wichtigster Lebensabschnitt beginnen. Obwohl das nicht ganz falsch ist, ist die ausschließliche Konzentration auf den Bereich Schule in dieser Lebensphase nicht sinnvoll. Ein Kind ist nicht nur Schüler, sondern ebenso Freund, Sohn oder Tochter, Enkelkind, Fußballer, Tänzer oder Geschichtenerzähler. Schulkinder haben es mit ih-

Die Einschulung ist nur einer von vielen Entwicklungsschritten in der Kindheit.

ren anderen Rollen manchmal schwer, denn oft ist die kommende Einschulung über viele Monate das beherrschende Thema. Ihre persönlichen Eigenschaften, ihre Fähigkeiten und Kompetenzen werden leicht nur noch unter dem Aspekt des künftigen Schulbesuchs gesehen. Dabei handelt es sich bei der Einschulung nur um eine Erfahrung von vielen. Eltern sind gut beraten, diesen Entwicklungsschritt nicht ständig in den Mittelpunkt der Aufmerksamkeit zu rücken. So wie der Besuch des Kindergartens ist auch die Einschulung nur eine weitere Stufe auf der Lebensleiter. Im Laufe der nächsten Jahre wird Ihr Kind noch viele Stufen hinaufklettern und sich dabei langsam vom Grundschulkind über den Jugendlichen bis hin zum Erwachsenen entwickeln. Das geht nicht immer ohne Misserfolge und Niederlagen vonstatten, auch wenn viele Kinder gerne in die Schule gehen. Damit dieser Prozess gelingt, brauchen Kinder vor allen Dingen ein starkes Selbstbewusstsein, Freude am Lernen und die Unterstützung der Eltern in allen Lebensphasen. Die Einschulung ist eine Herausforderung für Eltern und Kinder. Mit positiven Erwartungen, Geduld, Neugier und Lust können die Kinder eine neue Welt des Wissens entdecken. So kann Lernen Spaß machen und der Schulstart gelingen. <<<

Ängste wahrnehmen

Sollte Ihr Kind der Einschulung ängstlich entgegensehen, nehmen Sie seine Angst ernst und sprechen Sie mit ihm darüber.
Beim ersten Schultag hilft vielleicht ein Talisman, die Nervosität zu mildern.

Meilensteine der Entwicklung

Mit allen sieben Sinnen lernen

■ Der Schulalltag stellt zum Teil andere Anforderungen an die Kinder als der Kindergartenalltag. Ihr Kind trägt seinen Ranzen alleine, es muss viele Stunden am Stück wach und konzentriert sein und auch nachmittags noch genug Energie haben, um seine Hausaufgaben zu erledigen und eventuell weiteren Aktivitäten nachzugehen. Um die Anforderungen des Schulalltags bewältigen zu können, muss Ihr Kind zudem bestimmte Entwicklungsschritte bereits vollzogen haben. Um sicher zu gehen, dass ein Kind wirklich die Fähigkeit zum Schulbesuch besitzt, ist unter anderem die Einschätzung Ihres Kinderarztes gefragt. Bei allen Gedanken darüber, was ein Kind bereits mitbringen sollte: Allen Grundschullehrern ist bewusst, dass die Kinder eine Eingewöhnungsphase brauchen, in der sie sich langsam an die Anforderungen der Schule gewöhnen. Kein Kind muss von der ersten Minute an in der Schule „funktionieren".

Die U9 bringt Klarheit

■ Wichtige Hinweise über die sogenannte Schulfähigkeit Ihres Kindes geben die Untersuchungsergebnisse der U9, die Ihr Kinderarzt zwischen dem 60. und dem 64. Lebensmonat durchführt. In einigen Bundesländern sind die empfohlenen Vorsorgeuntersuchungen verpflichtend. Falls Eltern ihr Kind nach einer Aufforderung nicht zum Kinderarzt bringen, wird das Jugendamt eingeschaltet. Mit dieser Maßnahme soll Kindesvernachlässigung und -misshandlung vorgebeugt werden. Ein neues Kinderschutzgesetz soll die Vorsorgeuntersuchung für Kinder bundesweit verpflichtend machen.

Ihr Kinderarzt überprüft in erster Linie die körperliche Entwicklung und schließt physische Krankheiten oder Störungen aus. Natürlich ist Ihr Kind seit der letzten Untersuchung wieder etwas gewachsen – wenn auch längst nicht mehr so viel wie vorher. Auch an Gewicht hat es zugelegt und eventuell

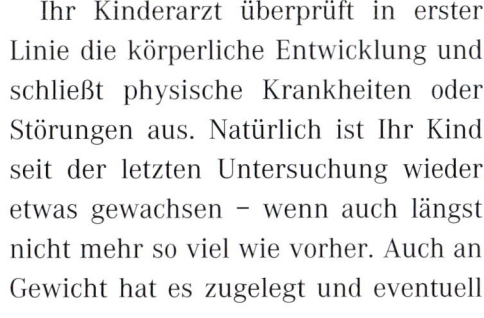

Der Kinderarzt stellt fest, ob ein Kind gesund und den schulischen Anforderungen gewachsen ist.

Mit Feuereifer und voller Konzentration Richtung Schulstart

Eltern können den Kinderarzt durch eigene Beobachtungen unterstützen.

ist sogar schon der erste Milchzahn ausgefallen. Ob das Wachstum und die gesamte Entwicklung Ihres Kindes im Normbereich liegen, stellt Ihr Kinderarzt anhand vieler Vergleichsdaten fest.

Eine Urinprobe, die Messung des Blutdrucks und Impfauffrischungen sind Teil der wichtigen Untersuchung, die Sie nicht verpassen sollten. Ihr Kinderarzt überprüft auch die motorische, kognitive und soziale Entwicklung Ihres Kindes. Bei der umfassenden klinischen Untersuchung, auch „körperliche" oder „Ganzkörperuntersuchung mit einfachen Hilfsmitteln" genannt, sollten verschiedene Seh- und Hörtests durchgeführt werden, um sicherzugehen, dass hier keine Beeinträchtigungen vorliegen. Dabei sind Ihre Beobachtungen als Eltern besonders wichtig. Sie helfen dem Kinderarzt dabei, Ihr Kind richtig einzuschätzen. Einen ers-

ten Eindruck vom Entwicklungsstand Ihres Kindes erhalten Sie, wenn Sie für sich die folgenden Fragen beantworten:

- Kneift Ihr Kind beim Betrachten von Bildern oder beim Malen oft die Augen zusammen?
- Hält es ein Bilderbuch sehr nah ans Gesicht, um die Bilder besser zu erkennen?
- Lehnt es das Betrachten von Bilderbüchern oder das Vorlesen ab?
- Erkennt und benennt es Details in Bildern?
- Hat Ihr Kind beim Vorlesen manchmal Schwierigkeiten, alles akustisch zu verstehen?
- Fragt Ihr Kind häufig nach, wenn Sie ihm etwas mitteilen?
- Lässt die Konzentration Ihres Kindes schnell nach, wenn es etwas ansieht oder anhört?

Notieren Sie sich Auffälligkeiten und sprechen Sie diese bei der Vorsorgeuntersuchung an.

Checkliste „Grenzsteine"

■ Bei den folgenden „Grenzsteinen" handelt es sich um Entwicklungsschritte, die ca. 90 Prozent der Fünfjährigen bereits erreicht haben. Es geht dabei sowohl um körperliche als auch um kognitive Fähigkeiten. Nutzen Sie die Checkliste, um die einzelnen Punkte systematisch abzuklären. Natürlich können und dürfen Sie in Vorbereitung auf den Schulbesuch oder den U9-Termin mit Ihrem Kind auch üben, denn das kommt seiner Entwicklung entgegen. Je mehr dieser Fähigkeiten es beherrscht, desto besser.

Kann Ihr Kind das schon?	Ja	Nein
Ihr Kind steht jeweils ca. acht Sekunden sicher auf einem Bein.	☐	☐
Ihr Kind kann jeweils fünf Mal auf einem Bein hüpfen, ohne umzufallen.	☐	☐
Ihr Kind bewältigt Treppen freihändig und mit Beinwechsel.	☐	☐
Ihr Kind kann sowohl auf den Zehenspitzen als auch auf den Hacken vorwärts gehen.	☐	☐
Ihr Kind kann einen Ball, der auf dem Boden aufprallt, mit beiden Händen fangen.	☐	☐
Ihr Kind kann ein Quadrat, ein Dreieck und ein Kreuz von einer Vorlage abmalen.	☐	☐
Ihr Kind erkennt die Grundfarben (Blau, Grün, Rot, Gelb, Schwarz, Weiß).	☐	☐
Ihr Kind malt einen Menschen mit sechs Teilen (Kopf, Körper, zwei Beine, zwei Arme).	☐	☐
Ihr Kind kann geometrische Formen in einer vorgefertigten Box richtig zuordnen.	☐	☐
Ihr Kind kann Materialien sicher unterscheiden (Stoff, Papier, Glas).	☐	☐
Es kann einen Vorgang in logischer Reihenfolge wiedergeben.	☐	☐
Ihr Kind hat einen Mengenbegriff bis 5. Es kann beispielsweise erkennen, dass 2 weniger als 5 sind.	☐	☐
Ihr Kind schreibt oder malt seinen Vornamen sowie einzelne Ziffern oder Buchstaben. Oft sind diese noch seitenverkehrt.	☐	☐
Ihr Kind weiß, wie viele Finger an einer Hand sind.	☐	☐
Ihr Kind kann etwas zu seiner Situation im Kindergarten oder in der Familie sagen.	☐	☐
Ihr Kind berichtet Erlebnisse aus seiner Erinnerung.	☐	☐

(R. Michaelis / G. Niemann: Entwicklungsneurologie und Neuropädiatrie. Grundlagen und diagnostische Strategien, Thieme Verlag, Stuttgart 2010)

Die zentralen Entwicklungs-bereiche

Gut geschulte Sinne sind eine wichtige Voraussetzung für erfolgreiches Lernen.

■ **Neuronale Entwicklung:** Bereits bei der Geburt besitzt der Säugling Milliarden von Neuronen (Nervenzellen). Er ist damit bestens für den folgenden Lernprozess ausgestattet. Das kindliche Gehirn entwickelt sich in den ersten Lebensjahren rasant weiter und vervierfacht sein Gewicht durch eine enorme Zunahme der Verbindungen zwischen den Neuronen, den Synapsen. In den ersten drei Lebensjahren baut jede Nervenzelle eines Kindes im Schnitt 10.000 bis 15.000 Synapsen auf, im zweiten Lebensjahr entspricht die Menge der Synapsen bereits derjenigen von Erwachsenen (ca. 100 Billionen). Im dritten Lebensjahr sind es schon doppelt so viele. Von da an bis zur Pubertät selektieren und optimieren die Zellen weitgehend die vorhandenen Kontaktstellen, es werden also wieder weniger. Das Lebensumfeld des Kindes und die vielfältigen Einflüsse spielen nun eine große Rolle dabei, welche Kontaktstellen ausgebaut oder vernachlässigt und abgestoßen werden.

Sozial-emotionale Entwicklung: Im Alter von sechs Jahren sind Kinder schon durchaus in der Lage, ihre Gefühle und Bedürfnisse zu kontrollieren. Sie müssen nicht mehr alles sofort haben, jedem Impuls gleich folgen. Sie können sich nun besser und länger konzentrieren und sind weniger leicht ablenkbar. Trotzdem ist das kindliche Verhalten immer noch stark von akuten Bedürfnissen, zufälligen Interessen und Impulsen geprägt.

Sinnliche Wahrnehmung: Neben der Entwicklung des Gehirns und der Beherrschung der Gefühle ist die Integration der sieben Sinne ein zentraler Baustein für eine gute Lern- und Konzentrationsfähigkeit. Nur wenn alle Sinneseindrücke unverfälscht aufgenommen und verarbeitet werden, ist ein Kind dazu in der Lage, sich einer anderen Sache aufmerksam zuzuwenden. Versucht es beispielsweise ständig, Geräusche aus seiner Umgebung, etwa dem Klassenzimmer, zu interpretieren, kann es sich nicht mehr auf ein Tafelbild konzentrieren. Mit sechs Jahren sind die sieben Sinne eines Kindes so weit entwickelt, dass es sie zum Lernen optimal nutzen kann. **<<<**

Sieben Sinne für gutes Lernen:

Sehen: Informationen über die Augen aufnehmen und verarbeiten (Sehschärfe, Umsetzung des Gesehenen)

Hören: Informationen über die Ohren aufnehmen und verarbeiten (Lautstärke, Richtung, Verständnis)

Fühlen: Informationen über den Tastsinn mit Händen, Füßen oder anderen Köperteilen aufnehmen und verarbeiten (Intensität)

Bewegen: Informationen über die Bewegung und Muskelempfindungen wahrnehmen und verarbeiten

Gleichgewicht: Das Gleichgewicht halten können, Unebenheiten, Schaukeln ausgleichen

Riechen: Informationen über die Nase aufnehmen und verarbeiten (scharf, süß, salzig, heiß, kalt, etc.)

Schmecken: Informationen über die Mundschleimhaut aufnehmen und verarbeiten (scharf, süß, salzig, heiß, kalt, etc.)

Das letzte Kindergartenjahr

Vorschulkinder haben eine Sonderstellung

■ Die Vorbereitung auf die Schule und ein gelungener Übergang in die erste Klasse sind erklärte Ziele eines jeden Kindergartens. Dabei setzt jede Einrichtung ihre eigenen Konzepte um, nach denen sie die Kinder vorbereitet und begleitet. Die Förderung spezieller Fähigkeiten, wie beispielsweise der Feinmotorik, der Konzentration oder des genauen Hinhörens sind in der Regel Teil der Förderkonzepte, ebenso die Kontaktaufnahme mit der Schule. Viele Kindergärten bieten sogar Schnupperkurse in Englisch an oder machen die Jungen und Mädchen mit den Grundlagen des Mengenverständnisses oder dem Sprachaufbau vertraut. Je nach personeller Ausstattung und individuellem Konzept nimmt die Vorbereitung der Vorschulkinder mehr oder weniger viel Raum und Zeit ein. Neben der konkreten Vorbereitung auf das Schreiben, Lesen und Rechnen durch Spiele und Experimente steht die Ausbildung der sozialen Kompetenzen im Vordergrund. Folgende Angebote für die Vorschulkinder sind möglich:

- Rollenspiele zum Sozialverhalten
- Feinmotoriktraining durch vielfältige Bastelangebote
- Experimentierecken
- Übertragung von Verantwortung, verschiedene „Dienste"
- Spielangebote mit besonderem Baumaterial und Werkzeugen
- Spezielle Sprachspiele für Kinder ab fünf Jahren
- Übernachtungen im Kindergarten
- Basteln von Schultüten
- Besuche von Polizei, Krankenhaus, Museum oder Bücherei

Die Vorbereitung für einen guten Schulstart beginnt lange vor dem Einschulungstermin.

Besonders im letzten Kindergartenjahr achten die pädagogischen Fachkräfte sehr genau darauf, welche Kompetenzen bei jedem einzelnen Kind bereits vorhanden sind und welche noch gestärkt werden sollten. Die Schulfähigkeit bedeutet ein Zusammenspiel zahlreicher Kompetenzen, von denen viele im Kindergarten gefördert werden.

Kooperation Kindergarten – Grundschule

■ In einigen Bundesländern gibt es sogenannte „Kooperationslehrer", die den Kontakt zwischen Schule und Kindergärten pflegen, die angehenden Erstklässler im Kindergarten besuchen und diese bereits im Vorfeld kennenlernen.

Bei einem Besuch der Grundschule haben die Kinder die Möglichkeit, die Klassenräume und das gesamte Schulhaus kennenzulernen und erste Kontakte zu knüpfen. Die angehenden Erstklässler können ganz real erleben, was Schule bedeutet. Häufig begleiten ältere Schüler die Kindergartenkinder, einige Grundschulen praktizieren sogar ein „Patensystem", bei dem Schüler aus höheren Klassen als „Paten" für die Erstklässler Verantwortung für diese übernehmen und nach der Einschulung als Ansprechpartner fungieren. Viele Schulen bieten den Neulingen an diesem Schnuppertag ein buntes Programm:

- Lieder singen
- Bewegungsspiele in der Turnhalle
- den eigenen Namen schreiben
- die Schule besichtigen
- einen Briefumschlag gestalten
- im Erzählkreis Eindrücke wiedergeben und Fragen stellen
- eine Geschichte hören.

Dieser Erstkontakt mit der Institution Schule trägt dazu bei, Ängste und Bedenken bei den Kindern erst gar nicht aufkommen zu lassen. Es kann sein, dass Ihr Kind in diesem Zusammenhang nicht die Grundschule kennenlernt, die es in Zukunft besuchen wird. Ist dies der Fall, sollten Sie sich im Vorfeld überlegen, ob Sie die Teilnahme an dieser Aktion befürworten oder sich um einen Besuchstermin in der „echten" zukünftigen Schule bemühen.

Fragen an die Erzieherinnen und Erzieher

■ In regelmäßigen Gesprächen gibt Ihnen das pädagogische Fachpersonal des Kindergartens Auskunft über den Entwicklungsstand Ihres Kindes. Vereinbaren Sie einen persönlichen Termin, um sich entsprechend zu informieren. Lassen Sie sich das Verhalten Ihres Kindes genau beschreiben. Je besser Sie Ihr Kind und dessen Fähigkeiten kennen, desto leichter können Sie es beim Schulstart unterstützen. Die Eindrücke und Einschätzungen aus dem Kindergarten sind eine wichtige Ergänzung des Bildes, das Sie von Ihrem Kind haben. Die folgenden Checklisten helfen Ihnen dabei, die Informationen abzufragen und festzuhalten. Fragen Sie auch, welche Förderempfehlungen die Fachleute möglicherweise für Ihr Kind haben.

Im Gespräch mit den Erziehern vervollständigen Eltern den Eindruck von den Fähigkeiten ihres Kindes.

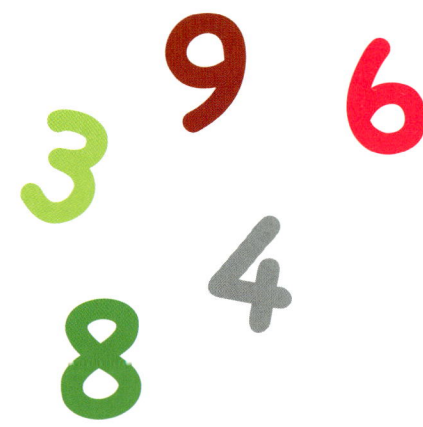

Kooperationsfähigkeit und Verhalten in der Gruppe	Ja	Nein	Manchmal
• Kann mein Kind zusammen mit anderen etwas planen und durchführen? Zum Beispiel einen Tanz einüben, gemeinsam ein Bild malen, ein Spiel spielen oder etwas bauen.	☐	☐	☐
• Kann sich mein Kind in eine Gruppe einfügen?	☐	☐	☐
• Hält sich mein Kind an Absprachen, zum Beispiel dass es ein Spielzeug zehn Minuten benutzen darf und dann weitergeben soll?	☐	☐	☐
• Kann mein Kind Kompromisse schließen, zum Beispiel das Lieblingsspielzeug nur an einem Tag in der Woche mitzubringen?	☐	☐	☐
Merkfähigkeit und logisches Denken	Ja	Nein	Manchmal
• Kann sich mein Kind Gelerntes merken, zum Beispiel Liedtexte oder Spielregeln?	☐	☐	☐
• Kann es Anweisungen ausführen, die aus zwei oder mehreren Schritten bestehen? Beispiel: Stell das Bilderbuch ins Regal, lege die Puppe in die Kiste und komme dann zu uns an den Basteltisch.	☐	☐	☐
• Erkennt es Farben und einfache Formen?	☐	☐	☐
• Kann mein Kind Dinge nach vorgegebenen Merkmalen („rund", „klein", „schwer") sortieren?	☐	☐	☐
• Kann mein Kind Gegensätze richtig erkennen und benennen, zum Beispiel „groß – klein", „schwer – leicht" oder „alt – jung"?	☐	☐	☐
Selbstpflege und Eigenverantwortung	Ja	Nein	Manchmal
• Kann mein Kind seine Kleidung selbst an- und ausziehen?	☐	☐	☐
• Geht mein Kind selbstständig auf die Toilette?	☐	☐	☐
• Übernimmt mein Kind Verantwortung für seine Sachen, für mitgebrachte Spielsachen oder Kleidungsstücke?	☐	☐	☐
• Wäscht sich mein Kind vor dem Essen und nach dem Toilettengang selbstständig die Hände?	☐	☐	☐

Konfliktverhalten	Ja	Nein	Manchmal
• Kann mein Kind seine eigene Meinung vertreten, seine Wünsche äußern und sich dafür einsetzen? Zum Beispiel: „Ich möchte lieber eine Geschichte hören und nicht auf den Spielplatz gehen."	☐	☐	☐
• Versucht mein Kind, Konflikte in der Regel mit Worten zu lösen?	☐	☐	☐
• Kann mein Kind seinen Gefühle durch Worte Ausdruck verleihen?	☐	☐	☐

Verhalten in Spielsituationen	Ja	Nein	Manchmal
• Hält sich mein Kind (bei Gesellschaftsspielen) an Regeln?	☐	☐	☐
• Braucht es immer wieder Hilfe und Anleitungen, um ein Spiel zu spielen?	☐	☐	☐
• Nimmt mein Kind vorwiegend eine Anführerposition ein, bestimmt es beispielsweise, was gespielt wird?	☐	☐	☐
• Greift mein Kind häufig störend in das Spiel anderer Kinder ein?	☐	☐	☐
• Ist mein Kind aktiv beim Auswählen seiner Spielpartner?	☐	☐	☐
• Lässt sich mein Kind für Spiele von anderen auswählen?	☐	☐	☐
• Hat mein Kind eigene Spielideen, besonders bei Rollenspielen?	☐	☐	☐
• Kann mein Kind ausdauernd spielen, ohne leicht abgelenkt zu werden?	☐	☐	☐

Grob- und Feinmotorik	Ja	Nein	Manchmal
• Hält mein Kind einen Stift im Dreifingergriff?	☐	☐	☐
• Kann mein Kind geschickt mit einer Schere umgehen?	☐	☐	☐
• Kann mein Kind Perlen auf eine Schnur fädeln?	☐	☐	☐
• Kann mein Kind Kleidungsstücke mit Reißverschlüssen und Knöpfen öffnen und schließen?	☐	☐	☐
• Kann mein Kind auf einem Balken balancieren?	☐	☐	☐
• Kann mein Kind einen Ball werfen und fangen?	☐	☐	☐
• Kann mein Kind den „Hampelmann" (Überkreuzbewegung) machen?	☐	☐	☐

Schulfähigkeit und Schulpflicht

Wann ist der optimale Zeitpunkt für die Einschulung?

Hat ein Kind sein fünftes Lebensjahr vollendet, beginnen viele Eltern damit, sich Gedanken über den nächsten Lebensabschnitt nach der Kindergartenzeit, die Grundschule, zu machen. Neben der persönlichen Einschätzung der Eltern gilt es, einige rechtliche Bedingungen zu beachten. Seit 1948 bemüht sich die ständige Konferenz der Kultusminister und Kultursenatoren der Länder in der Bundesrepublik Deutschland (KMK), das Bildungswesen der einzelnen Bundesländer aufeinander abzustimmen. Damit soll gewährleistet werden, dass alle Schülerinnen und Schüler in Deutschland eine vergleichbare Schulbildung erhalten. Lange Zeit hatte die KMK empfohlen, dass alle Kinder, die bis zum 30. Juni eines Jahres das sechste Lebensjahr vollendet hatten, automatisch schulpflichtig wurden. Heute ist die Einschulungspraxis etwas komplizierter, aber auch flexibler

geworden. Einige Bundesländer haben in den letzten Jahren den Stichtag zur Einschulung mehrfach nach hinten verschoben, sodass immer häufiger schon Fünfjährige eingeschult werden. Es ist die Aufgabe der Eltern, die gültigen Termine zu berücksichtigen und ihr Kind rechtzeitig zur Schule anzumelden.

Informieren Sie sich rechtzeitig

Nicht nur der Stichtag zur Einschulung, sondern auch die Bildungskonzepte befinden sich im Wandel. Eltern sind gut beraten, sich über die neuesten Entwicklungen zu informieren. Dazu gibt es verschiedene Möglichkeiten:

- Halten Sie engen Kontakt zum Kindergarten Ihres Kindes, denn die Erzieherinnen sind gut darüber informiert, welche Möglichkeiten der Einschulung es gibt.
- Informieren Sie sich direkt beim Staatlichen Schulamt, das für Sie zuständig ist. Rufen Sie persönlich an oder vereinbaren Sie einen Termin.
- Besuchen Sie die Informationsveranstaltungen der Grundschule, bei der Ihr Kind angemeldet werden soll.
- Beachten Sie die Informationen auf den Internetseiten des Kultusministeriums Ihres Bundeslandes. Sie finden die entsprechenden Adressen unter: www.bildungsserver.de.

Informieren Sie sich über infrage kommende Grundschulen und die aktuellen Bestimmungen.

Auch Eltern haben Pflichten

■ Mit der Einschulung beginnt auch für Sie als Eltern ein neuer Lebensabschnitt, der von verschiedenen Pflichten bestimmt wird. Da in Deutschland die allgemeine Schulpflicht gilt, können Sie Ihr Kind nicht einfach zu Hause behalten. Alle Eltern sind dazu verpflichtet, ihr Kind zum Schulbesuch anzumelden. Andernfalls machen sie sich strafbar. Die Verfassungen der einzelnen Bundesländer, in denen die Schulpflicht geregelt ist, legen Ihnen eine Reihe von Verpflichtungen auf. Sie müssen:

- Ihr Kind fristgerecht zum Schulbesuch anmelden.
- für einen regelmäßigen und pünktlichen Schulbesuch sorgen.
- dafür sorgen, dass Ihr Kind ordentlich gekleidet und sauber zur Schule geht.
- Ihr Kind mit den erforderlichen Schulmaterialien ausstatten.
- Ihr Kind dazu anhalten, seine schulischen Aufgaben zu erledigen.

- schriftlich beantragen, wenn Ihr Kind vom Schulbesuch freigestellt werden soll.
- Ihr Kind krankmelden, wenn es nicht in die Schule gehen kann.

Darüber hinaus wird von Ihnen erwartet, dass Sie regelmäßig Gespräche mit den Lehrern führen, an Schulveranstaltungen teilnehmen und die Elternabende besuchen.

Vorzeitige Einschulung

■ In allen Bundesländern ist es möglich, Kinder auf Antrag der Eltern früher einzuschulen, als es der Stichtag vorsieht. Diese sogenannte „Kann-Regelung" wird von Bundesland zu Bundesland unterschiedlich gehandhabt. Sie erfasst unter Umständen sogar Kinder, die erst kurz vor dem Ende des ersten Schuljahres sechs Jahre alt werden. Dadurch ist die Altersspanne in einer ersten Schulklasse oft sehr groß und reicht von fünf bis sieben Jahren.

Nur wenn die körperlichen, emotionalen und intellektuellen Fähigkeiten eines Kindes weit genug entwickelt sind, ist die frühe Einschulung mit fünf Jahren zu empfehlen. Bei der Klärung dieser Frage helfen die schulärztliche Untersuchung und die Einschätzung des Kindergartens, dessen Mitarbeiter ein klares Bild von den bereits erworbenen Fähigkeiten eines Kindes haben. Aber auch, wenn ein Kind mit fünf Jahren aufgrund eines Gutachtens als schulfähig erklärt wurde, ist der Erfolg einer frühen Einschulung nicht garantiert. Für deren Gelingen ist auch die Schulform von Bedeutung.

Wann ist der richtige Zeitpunkt für die Einschulung?

In kleinen Klassen sind jüngere Kinder oft gut aufgehoben und eingebunden, weil für das einzelne Kind mehr Zeit zur Verfügung steht als in großen Klassen. Ebenfalls sind „Kann-Kinder" in flexiblen Eingangsstufen, in denen die Kinder nach ihrem eigenen Tempo lernen können, meistens gut versorgt. Wenn die zuständigen Lehrkräfte jedoch keine Differenzierung anbieten und nicht auf die unterschiedlichen Bedürfnisse der Jungen und Mädchen eingehen, ist der Erfolg einer frühen Einschulung fraglich. Andererseits sollten Sie als Eltern eine frühzeitige Einschulung in Erwägung ziehen, wenn sich Ihr Kind im Kindergarten langweilt. Dann ist es möglicherweise bereit, sich den neuen Anforderungen in der Schule zu stellen.

gefunden, macht regelmäßig seine Hausaufgaben, geht verantwortungsbewusst mit seinen Schulsachen um, ist höflicher geworden und wirkt alles in allem viel reifer als noch vor wenigen Monaten. Aus dem verspielten fünfjährigen Kindergartenkind ist innerhalb weniger Monate ein reifes Schulkind geworden. Er ist an den neuen Herausforderungen in der Schule gewachsen.

Ein politischer Trend

■ Bis zum Jahre 2000 ist das Einschulungsalter in Deutschland angestiegen, das heißt die Kinder wurden eher später als früher eingeschult. Rund 10 Prozent der Kinder wurden vom Schulbesuch wegen fehlender Schulfähigkeit zurückgestellt. Viele Eltern haben darüber hinaus die Ent-

Versuchen Sie, für Ihr Kind die passende Entscheidung zu treffen, ohne sich von pädagogischen Trends leiten zu lassen.

Bei Niklas lief es gut

■ Niklas, der im August sechs Jahre geworden ist, wurde als sogenanntes „Kann-Kind" in Hessen eingeschult. Nun geht Niklas seit einem halben Jahr in die Schule. Eine gute Entscheidung, wie sich zeigt. Stolz zeigt er seinen Großeltern kurz vor Weihnachten seinen Schreibtisch, seine ordentlichen Hefte und den Schulranzen mit den coolen Fußballstickern. Ganz nebenbei liest er einige der kürzeren Namen seiner Fußballidole vor, zwar noch langsam und eher buchstabierend, aber deutlich.

Oma und Opa staunen, denn aus dem eher schüchternen Kind ist ein selbstbewusster Junge geworden, der schon viel gelernt hat. Niklas hat neue Freunde

Kritik an der frühen Einschulung

Wie wichtig individuelle pädagogische Bildungskonzepte – gerade bei einer frühen Einschulung – für den Schulerfolg der Kinder sind, zeigt eine Studie der Technischen Universität Darmstadt aus dem Jahre 2005. Demnach haben Kinder, die erst mit etwa sieben Jahren eingeschult werden, langfristige Vorteile. So ist zum Ende der Grundschulzeit ihr Leseverständnis besser entwickelt und sie gehen mit einer höheren Wahrscheinlichkeit aufs Gymnasium.

Bitte beachten Sie bei Ihrer Entscheidung auch, dass alle Kinder heute bereits in der Grundschule eine Fremdsprache lernen und die Gymnasialzeit in den meisten Bundesländern um ein Jahr verkürzt wurde. Dies führt dazu, dass die jungen Erwachsenen bereits nach zwölf (nicht mehr nach 13) Schuljahren das Gymnasium mit abgeschlossenem Abitur verlassen. Hier zeigt sich einmal mehr, dass es keine einheitliche – wissenschaftliche – Meinung zum optimalen Einschulungszeitpunkt gibt. Wichtig ist, dass Eltern sich mit den individuellen Bedürfnissen ihres Kindes befassen und nicht kritiklos einem Trend folgen.

scheidung getroffen, ihrem Kind die Schule noch etwas länger „zu ersparen". Inzwischen hat sich dieser Trend umgekehrt. Eine frühere Einschulung, wie in vielen anderen europäischen Ländern üblich, gilt inzwischen als positiver Start und gute Vorbereitung für den beruflichen Erfolg. Auch politisch ist eine Rückstellung vom Schulbesuch nicht mehr erwünscht. Dahinter steht die pädagogische Annahme, dass ein Teil der geforderten Schulfähigkeit erst in der Schule erworben wird. Neue Konzepte, die auf den individuellen Entwicklungsstand der Erstklässler eingehen, sollen Nachteile und Entwicklungsdefizite ausgleichen.

Eine individuelle, professionelle Förderung hilft, Entwicklungsdefizite aufzuholen.

Zurückstellung des Kindes

■ Natürlich gibt es auch Kinder, die als nicht schulfähig eingestuft werden. Häufig werden die Eltern dieser Kinder schon von den Mitarbeitern des Kindergartens daraufhin angesprochen. Auch der Kinderarzt geht dieser Frage in der U9 nach. Bei der schulärztlichen Untersuchung und im Rahmen des Probevormittags in der Grundschule werden weitere Aspekte beobachtet.

Erfolgt eine Zurückstellung vom Schulbesuch, müssen Sie klären, wie Ihr Kind im folgenden Jahr eine optimale Förderung erhalten kann. Das hängt davon ab, welche Gründe für die Rückstellung maßgeblich waren und welche Möglichkeiten in Ihrem Bundesland bestehen, um einzelne Entwicklungsdefizite aufzuholen. Zurückgestellte Kinder können unterschiedliche Einrichtungen besuchen, die sie fördernd auf die Schule vorbereiten. In manchen Bundesländern sind Eingangsklassen, Vorklassen oder Schulkindergärten jeweils an eine Schule angegliedert. In anderen Bundesländern verbleiben die Kinder noch ein Jahr im Kindergarten. Auch hier gilt es, sich rechtzeitig über die Möglichkeiten in Ihrem Bundesland zu informieren.

Fragen Sie beim Schularzt, dem Kinderarzt und beim pädagogischen Fachpersonal des Kindergartens nach, ob eine zusätzliche Förderung durch Logopäden, Ergotherapeuten oder andere Fachleute notwendig oder hilfreich wäre. Manchmal genügen einige wenige Termine, um einem Kind den Weg zu einem neuen Entwicklungsschritt zu ebnen. Beachten Sie aber auch, dass nicht alle zurückgestellten Kinder auch einen besonderen Förderbedarf haben. Manche Kinder entwickeln sich einfach etwas langsamer als andere, sind sogenannte „Spätzünder" und müssen nicht gleich in besondere Förderprogramme eingebunden werden. Sie benötigen einfach etwas mehr Zeit, um die für den erfolgreichen Schulbesuch notwendige „Schulfähigkeit" zu erreichen. Bieten Sie Ihrem zurückgestellten Kind vielfältige Anregungen, interessieren Sie es für Bücher und Experimente und fördern Sie seine sozialen Kontakte. <<<

Ist Ihr Kind fit für die Schule?

Ein Fragebogen für Ihre eigenen Beobachtungen

■ Die folgenden Fragen helfen Ihnen dabei, den Entwicklungsstand Ihres fünf- bis sechsjährigen Kindes einzuschätzen. Bitte bedenken Sie dabei, dass je nach Alter Ihres Kindes bis zum Tag der Einschulung noch Veränderungen möglich sind. Besonders bei Vorschulkindern sind wahre Entwicklungssprünge möglich. Bei Unklarheiten sollten Sie unbedingt Rücksprache mit der Kinderärztin oder den Erzieherinnen halten. Bitte notieren Sie, zu welchem Zeitpunkt Sie die folgenden Fragen beantworten. Das genaue Alter Ihres Kindes ist wichtig. Nehmen Sie Ihre Notizen zur nächsten Untersuchung beim Kinderarzt oder auch zur Einschulungsuntersuchung mit. Sie können entscheidende Hinweise liefern.

rechtzeitige und qualifizierte Förderung kann Ihrem Kind „auf die Sprünge helfen" und besonders durch die enorme Lernfähigkeit im Vorschulalter schnelle und große Fortschritte ermöglichen. Wenn nur in einzelnen Teilbereichen die verneinenden Antworten überwiegen, finden Sie im nächsten Kapitel „Das Zuhause als Lernfeld" Tipps und Spielideen zur gezielten Förderung der einzelnen Fähigkeiten.

Beobachten Sie Ihr Kind bei seinen Aktivitäten. So lernen Sie seine Stärken, Schwächen und Entwicklungsschritte kennen.

Auswertung

■ Falls Sie die Fragen überwiegend mit „ja" beantwortet haben, spricht vieles für die Schulfähigkeit Ihres Kindes. Letztlich entscheidet in fast allen Bundesländern die Schuleingangsuntersuchung über die Schulfähigkeit der Kinder. Sollten Sie die meisten Fragen mit „nein" beantwortet haben, kontaktieren Sie das Fachpersonal des Kindergartens oder den Kinderarzt und teilen Sie ihnen Ihre Beobachtungen mit. Denken Sie gemeinsam über spezielle Fördermöglichkeiten für Ihr Kind nach. Eine

Soziales Verhalten in der Gruppe will gelernt sein

Die körperliche Konstitution Ihres Kindes

■ Körperliche Fähigkeiten benötigt Ihr Kind, um dem oft anstrengenden Schulvormittag kräftig, wach und ausgeruht folgen zu können. Sie garantieren Leistungsfähigkeit, Kraft und Ausdauer.

Ist Ihr Kind körperlich fit?	Ja	Nein
1. Ist Ihr Kind körperlich stark und kräftig?	☐	☐
2. Ist Ihr Kind selten krank, müde oder erschöpft?	☐	☐
3. Kann Ihr Kind einen Ranzen allein zur Schule und nach Hause tragen?	☐	☐
4. Kommt Ihr Kind ohne Mittagsschlaf gut durch den Tag?	☐	☐

Die grobmotorische Entwicklung Ihres Kindes

■ Vielfältige Bewegungsmöglichkeiten bereiten Kindern nicht nur Freude, sie fördern auch das Wachstum, die altersgemäße Entwicklung des Skeletts und der Muskulatur. Ebenso trainieren Kinder die Koordination der verschiedenen Bewegungen, die motorische Geschicklichkeit nimmt zu, die Bewegungsabläufe werden immer flüssiger und die Reaktionsfähigkeit steigt.

Ist Ihr Kind grobmotorisch fit?	Ja	Nein
1. Kann Ihr Kind koordiniert Dreirad (oder Fahrrad) fahren, also gleichzeitig in die Pedale treten und steuern?	☐	☐
2. Kann Ihr Kind einen Ball werfen und fangen?	☐	☐
3. Kann Ihr Kind eine Treppe sicher hinunter- und hinaufsteigen?	☐	☐
4. Kann Ihr Kind sicher von einem Stuhl oder einer niedrigen Mauer auf den Boden hinabspringen?	☐	☐
5. Kann Ihr Kind auf jedem Bein fünfmal hüpfen?	☐	☐

Die feinmotorische Entwicklung Ihres Kindes

Die Steuerung der Handmotorik und die Koordination von Auge und Hand sind für das Führen eines Stiftes von großer Bedeutung. Das leserliche Schreiben von Buchstaben oder Zahlen hängt ganz entscheidend davon ab.

Ist Ihr Kind feinmotorisch fit?	Ja	Nein
1. Kann Ihr Kind mit einer Schere umgehen und Figuren aus einer Zeitschrift ausschneiden?	☐	☐
2. Kann Ihr Kind beim Ausmalen die Linien einhalten?	☐	☐
3. Hält Ihr Kind den Stift locker (nicht verkrampft) in der Hand?	☐	☐
4. Bastelt Ihr Kind ab und an gerne, gelingt ihm das?	☐	☐
5. Kann Ihr Kind ein Dreieck und ein Quadrat von einer Vorlage abzeichnen?	☐	☐

Die sprachliche Entwicklung Ihres Kindes

■ In der Schule ist die Sprache das wichtigste Kommunikationsmittel. Ein sechsjähriges Kind verfügt über einen Wortschatz von ungefähr 2.500 Wörtern, wobei Gegenstandswörter überwiegen. Ein abstrakter Wortschatz kommt erst zum Ende der Grundschulzeit hinzu.

Ist Ihr Kind sprachlich fit?	Ja	Nein
1. Spricht Ihr Kind deutlich, ohne zu stottern, zu stammeln oder zu nuscheln?	☐	☐
2. Kann Ihr Kind Einzahl- und Mehrzahlformen richtig bilden und verwenden?	☐	☐
3. Kann Ihr Kind eine Begebenheit oder ein Gespräch verständlich, vollständig und in der richtigen Reihenfolge nacherzählen?	☐	☐
4. Kann Ihr Kind eine Geschichte, die ihm vorgelesen wird, verstehen und noch einmal erzählen?	☐	☐
5. Kann Ihr Kind Begriffspaare entsprechend ergänzen, zum Beispiel: „Was ist das Gegenteil von lang (kurz), von alt (jung)?"	☐	☐

Das Sozialverhalten Ihres Kindes

■ Vielen Kindern fällt es zu Beginn der Schule noch schwer, ihren Platz in der Klassengemeinschaft zu finden. Sie müssen akzeptieren, nicht im Mittelpunkt zu stehen, sondern Teil einer großen Gruppe zu sein. Sich selbstbewusst einzubringen, aber auch anderen Kindern Raum zu gewähren und in der Gruppe zu lernen, erfordert eine hohe soziale Kompetenz.

Ist Ihr Kind sozial kompetent?	Ja	Nein
1. Hat Ihr Kind einen oder mehrere feste Freunde?	☐	☐
2. Beteiligt sich Ihr Kind an Spielen im Freundeskreis?	☐	☐
3. Kann Ihr Kind Regeln verstehen, akzeptieren und einhalten?	☐	☐
4. Kann Ihr Kind die Interessen anderer Kinder erkennen und darauf eingehen?	☐	☐
5. Kann Ihr Kind (zu Hause) seine eigenen Interessen vertreten?	☐	☐

Das Konzentrationsvermögen Ihres Kindes

■ Kinder im Alter von fünf bis sechs Jahren sollten sich für 15 bis 20 Minuten konzentrieren können. Es ist wichtig, dass Ihr Kind seine Aufmerksamkeit für eine gewisse Zeitspanne auf einen bestimmten Inhalt lenken und fokussieren kann.

Kann sich Ihr Kind ausreichend konzentrieren?	Ja	Nein
1. Hört Ihr Kind geduldig zu, wenn Sie ihm etwas vorlesen, und stellt es Verständnisfragen?	☐	☐
2. Nimmt Ihr Kind auch Details wahr, wenn es ein Bilderbuch ansieht?	☐	☐
3. Kann sich Ihr Kind für 15 bis 20 Minuten alleine beschäftigen?	☐	☐
4. Kann sich Ihr Kind zwei verschiedene Aufträge merken und korrekt ausführen? Beispielsweise erst die Schuhe in die Kammer stellen und dann die Hände waschen.	☐	☐
5. Kann Ihr Kind ein Spiel (Puzzle, Brettspiel) unterbrechen und es dann nach einiger Zeit an der richtigen Stelle wieder aufnehmen?	☐	☐

Die seelische Stabilität und das allgemeinen Verhalten Ihres Kindes

■ Der Umgang mit anderen Kindern und die Leistungsanforderungen der Schule erfordern bei Ihrem Kind eine gewisse Selbstsicherheit. Es muss gelernt haben, Misserfolge auszuhalten, sich fremden Situationen zu stellen und die eigene Meinung zu vertreten.

Ist Ihr Kind seelisch stabil genug für den Schulbesuch?	Ja	Nein
1. Geht Ihr Kind offen auf eher unbekannte Menschen zu?	☐	☐
2. Kommt Ihr Kind in einer fremden Situation angstfrei zurecht?	☐	☐
3. Hält Ihr Kind Misserfolg oder eine Frustration aus?	☐	☐
4. Kann sich Ihr Kind in einem Streit mit Worten (!) wehren?	☐	☐
5. Kann Ihr Kind Anregungen annehmen, um beispielsweise ein Problem zu lösen?	☐	☐

Die kognitiv-logische Entwicklung Ihres Kindes

■ Die Schule fordert von Ihrem Kind, logische Zusammenhänge zu erschließen und zu verstehen. Es lernt, sowohl die Sprache als auch rechnerische Vorgänge durch Zeichen (Buchstaben und Ziffern) darzustellen, zu abstrahieren.

Ist Ihr Kind für den Schulbesuch ausreichend kognitiv-logisch entwickelt?	Ja	Nein
1. Verfügt Ihr Kind über einen sicheren Mengenbegriff von eins bis fünf? Kann es beispielsweise fünf Gummibärchen aus einer Tüte herausnehmen und abzählen?	☐	☐
2. Kann Ihr Kind bis zehn oder weiter zählen?	☐	☐
3. Kann Ihr Kind eine „Wenn-dann-Regel" verstehen? („Wenn ich in die Hand klatsche, dann hüpfst du in die Höhe.")	☐	☐
4. Kann Ihr Kind eine Geschichte in logischer Folge nacherzählen und Fragen dazu korrekt beantworten?	☐	☐
5. Kann Ihr Kind einen Menschen malen, ohne wichtige Details (Kopf, zwei Arme, zwei Beine und Rumpf) zu vergessen?	☐	☐

Sport und Bewegung – auch ein Schlüssel zum Schulerfolg

Das Zuhause als Lernfeld

Spielerische Förderung im Alltag

■ Damit der Start in die Schule gut gelingt, benötigt Ihr Kind eine Reihe von Kompetenzen und Fähigkeiten. Die meisten davon hat es ganz selbstverständlich im Laufe seiner Kindheit bereits entwickelt und im Kindergarten oder zu Hause weiter verfestigt. Ihr Kind kann laufen, hüpfen und rennen, es nimmt Kontakt zu anderen auf, kann sich unterhalten oder seine Wünsche und Vorstellungen äußern. Manche dieser Fähigkeiten sind jedoch besser ausgeprägt als andere. Das ist nicht schlimm. Es kann aber auch nicht

schaden, wenn Sie in den letzten Monaten vor der Einschulung Ihr Kind mit Spielen und anderen Aktivitäten dazu anregen, seine Fähigkeiten weiter auszubauen.

Die Fragen aus dem letzten Kapitel „Ist Ihr Kind fit für die Schule?" haben Ihnen gezeigt, was Ihr Kind bereits gut kann und in welchem Bereich es noch ein wenig Unterstützung benötigt. Dabei geht es nicht um ein therapeutisches Förderprogramm oder ein pädagogisches Muss. Deutliche Defizite, die einer fachlichen Therapie bedürfen, hätte Ihnen Ihr Kinderarzt längst aufgezeigt. Mit unseren Anregungen möchten wir dazu beitragen, dass Ihr Kind sich optimal auf die Schule vorbereitet. Zwingen Sie Ihr Kind keinesfalls zu diesen Aktivitäten. Bei allen Spielen und Lerntipps stehen Spaß und Freude im Vordergrund. Los geht's!

Grobmotorik: Immer in Bewegung

■ Langes, bewegungsloses Sitzen vor dem Fernseher, dem Computer oder der Spielkonsole macht träge und müde. Bei Vor- und Grundschülern sollte diese Art der Freizeitbeschäftigung nicht im Vordergrund stehen. Die meisten Kinder sind sehr bewegungsfreudig

Sport im Verein

Falls Ihr Kind bisher noch nicht regelmäßig Sport getrieben hat, sollte es damit noch vor der Einschulung beginnen. Viele Kinder im Alter von fünf oder sechs Jahren können sich noch nicht für eine Sportart entscheiden. Deshalb bieten zahlreiche Vereine Kurse an, in denen verschiedene Sportarten vorgestellt und ausprobiert werden können. Häufig ist für Vorschulkinder die Zusammensetzung der Gruppe entscheidender als die Sportart. Zusammen mit dem besten Freund oder der besten Freundin bereitet jede Freizeitbeschäftigung noch mehr Spaß. Ebenso kann das Interesse Ihres Kindes abrupt verschwinden, wenn sein Freund die Gruppe verlässt. Bestehen Sie nicht darauf, dass Ihr Kind in diesem Fall die Sportgruppe weiterhin besucht. Treffen Sie gemeinsam eine Entscheidung, wie und wo es weitergehen kann.

und lieben es, draußen herumzutoben. Dabei trainieren Sie ganz automatisch ihre Geschicklichkeit und ihre Muskeln. Sie verfeinern dabei alle großräumigen Bewegungen, wie zum Beispiel das Gehen, Laufen, Balancieren, Klettern, Fahrradfahren oder Hüpfen. Auch verbessern sie dadurch ihre Körperkoordination und ihren Gleichgewichtssinn. Obwohl es zunächst nicht so aussieht, als ob die Motorik mit dem schulischen Lernen viel zu tun hätte, bildet sie doch dessen Grundlage. Das reibungslose Funktionieren aller Bewegungsabläufe ist eine wichtige Voraussetzung für erfolgreiche Lernprozesse.

Eltern als sportliche Vorbilder

■ Eltern sind Vorbilder – auch im Sport. Eine frühe Heranführung an sportliche Tätigkeiten hat fast immer Auswirkungen auf das ganze Leben. Das bedeutet natürlich auch, dass Kinder unsportlicher Eltern häufig seltener Sport treiben als Kinder sportlicher Eltern. Es ist also sinnvoll, dass Sport ein Bestandteil Ihres Lebens ist oder wird. Lassen Sie Ihr Kind an Ihren Aktivitäten unbedingt teilnehmen. Vielleicht kann es bei einem Fußballspiel zusehen, regelmäßig mit Ihnen wandern, einen Skikurs absolvieren oder schwimmen gehen.

Aber selbst, wenn Sie wenig Sport treiben – lassen Sie doch einfach das Auto stehen und gehen Sie mit Ihrem

Sportlich aktive Kinder sind ausgeglichener und trainieren ihre Grob- und Feinmotorik.

Ab durch die Mitte!

Übungen, bei denen Ihr Kind seine eigene Mitte, seine Körperachse, überkreuzt, führen zu einer besseren Vernetzung der beiden Gehirnhälften. Bei Bewegungen des rechten Beins ist die linke Hirnhälfte aktiv, beim linken Bein gibt die rechte Hirnhälfte den Impuls dazu. Berührt die linke Hand das rechte Knie, das zudem angehoben wurde, sind beide Hirnhälften aktiv. Dies führt zu einem Zusammenspiel der eher „kreativen" rechten und der eher „logisch-analytischen" linken Hemisphäre.

- Ihr Kind stellt sich aufrecht hin und streckt den rechten Arm nach vorne. Mit diesem zeichnet es eine große „liegende Acht" (wie das mathematische Zeichen für „unendlich") in die Luft. Der Kreuzungspunkt der beiden „Schlaufen" liegt genau in der Körpermitte. Dabei folgen nur die Augen der Bewegung des Arms. Beobachten Sie, ob Ihr Kind versucht, dem Überkreuzen der Körperachse durch Wegdrehen des Oberkörpers auszuweichen. Als Hilfe können Sie eine entsprechende Figur auf Papier vorzeichnen und an die Wand heften.
- Klatschspiele, bei denen die Hände „über Kreuz" geführt werden, bereiten Kindern viel Freude. Ein Klassiker ist zum Beispiel „Bei Müllers hat's gebrannt ...".

Alte Spiele neu entdeckt

Gummitwist: Die Enden eines Gummibandes (etwa 2 m lang) verknoten. Zwei Kinder stellen sich einander gegenüber innerhalb des Gummibandkreises auf. Das Gummiband umspannt ihre Knöchel. Ein dritter Mitspieler hüpft nun auf oder zwischen diesem Gummiband in vorher verabredeten Folgen und Rhythmen. Begeht er einen Fehler, so ist der Nächste an der Reihe. Gelingt ihm der fehlerfreie Ablauf, so wird der Schwierigkeitsgrad erhöht.

Wer ist Ballkönig oder -königin?: Die Kinder denken sich fünf bis zehn Aufgaben aus, die mit einem Ball an einer Hauswand bewältigt werden müssen. Das kann beispielsweise sein: an die Wand werfen und auffangen, werfen und vor dem Auffangen in die Hände klatschen, unter dem Bein durchwerfen, mit links werfen, mit rechts werfen, pritschen, einmal um sich selbst drehen und werfen ... Wer die jeweilige Aufgabe ohne Fehler am häufigsten hintereinander schafft, ist Ballkönig oder -königin.

Zauberer: Ein Fangspiel, bei dem einer der Zauberer ist. Berührt er ein Kind, darf dieses sich nicht mehr bewegen. Wer als Letzter gefangen wird, darf der nächste Zauberer sein.

Kind zu Fuß los oder fahren Sie mit dem Fahrrad. Nehmen Sie die Treppe und nicht den Aufzug − es gibt viele Möglichkeiten für „sportliche" Aktivitäten im Alltag. Je abwechslungsreicher sich Ihr Kind sportlich betätigt, desto besser können sich sein gesamter Bewegungsapparat und die Wahrnehmungsbereiche entwickeln.

Bewegung im Freien

■ Wenn es das Wetter erlaubt, ergeben sich im Freien viele Spiel- und Bewegungsmöglichkeiten. Manches ist heute in Vergessenheit geraten, was mit wenig Aufwand im Freien gespielt werden kann. Das liegt unter anderem daran, dass Kinder in städtischen Gebieten kaum noch Platz zum Spielen haben und Eltern immer ängstlicher werden. Vielleicht findet sich ein ruhiger Platz hinter dem Haus oder ein Stückchen Wiese, auf dem Ihr Kind einige Spiele mit Freunden aus der Nachbarschaft ausprobieren kann. Auch der Schulhof der angehenden Grundschule ist in manchen Orten der Treffpunkt von Familien mit Kindern.

Feinmotorik: Basteln und Werken

■ Die Fähigkeit zu kleinräumigen, genau abgestimmten und gezielten, differenzierten Bewegungen, die eine gute Auge-Hand-Koordination erfordern, definiert die Feinmotorik. Sie ist unverzichtbar, um einen Stift zu halten und zu schreiben, Linien einzuhalten, mit einer Schere umzugehen oder um Bilder sorgfältig auszumalen. Im Alltag bewältigt Ihr Kind bereits viele feinmotorische Bewegungsabläufe, die es zu üben und zu verfeinern gilt:

- Reißverschlüsse schließen
- Flaschendeckel auf- und zudrehen
- Schrauben unterschiedlicher Größe auf Muttern drehen
- Strümpfe an- und ausziehen
- Knoten und Schleifen binden
- Knöpfe öffnen und schließen
- Saft in Gläser eingießen
- Bilder ausmalen
- mit Messer und Gabel essen
- Obst schneiden
- Teig formen, kneten und Plätzchen ausstechen, verzieren.

Der Alltag bietet viele Gelegenheiten, die Geschicklichkeit Ihres Kindes zu fördern.

Beim Spiel und in der Schule zählen Fingerfertigkeit und Genauigkeit

Feinmotoriktraining mit Wettkampfcharakter

Hier finden Sie Tipps für Gesellschaftsspiele, die sowohl die Feinmotorik trainieren als auch den Kampfgeist der Kinder herausfordern:

- Bei „Mikado" werden feine Holzstäbchen so aus einem Haufen gezogen, dass die übrigen nicht wackeln. Hier sind Konzentrationsfähigkeit, Ruhe und Fingerspitzengefühl gefragt.
- Flinke Finger stapeln Holzstäbchen auf den Sattel des „Packesels".
- Der zunächst massive Turm aus „Jenga" wird durch vorsichtiges Drücken und Schieben der quaderförmigen Holzklötze immer filigraner und wächst in die Höhe.
- Immer wieder Spaß bereitet auch das Rasieren eines Luftballons. Dafür einen aufgeblasenen Ballon zunächst mit Rasierschaum besprühen und dann vorsichtig mit einem Einwegrasierer bearbeiten.

Die Auge-Hand-Koordination trainieren

Aus bunten Pfeifenreinigern, im Kreativmarkt als „Biegeplüsch" in vielen Farben und Stärken erhältlich, lassen sich viele verschiedene Figuren formen. Denken Sie sich etwa 20 verschiedene Figuren aus, die aus den Pfeifenreinigern entstehen können und zeichnen Sie diese auf einzelne Karten. Sie dienen Ihrem Kind als Vorlage für den Nachbau. Natürlich kann sich Ihr Kind auch eigene Figuren ausdenken und diese auf eine Karte zeichnen.

Nehmen Sie sich Zeit für Spiele oder Alltagssituationen, die feinmotorische Fähigkeiten verbessern können.

Die Füße nicht vergessen!

Zu einer differenzierten, ganzheitlichen körperlichen Beweglichkeit gehören auch trainierte Füße und Zehen. Das (abwechselnde) Laufen auf den Zehenspitzen oder den Fersen, das Balancieren auf Balken, Seilen oder Baumstämmen und das Malen mit den Zehen in Sand oder Rasierschaum fördern die Motorik.

Ob die Füße wohl als „Greifarme" zu gebrauchen sind? Zwei Kinder erhalten jeweils die gleiche Anzahl Knöpfe, Murmeln oder Kastanien. Sie sollen diese mit den Zehen so schnell wie möglich in ein bereitstehendes Gefäß befördern.

Tipp: Besonders unruhige Kinder können später bei den Hausaufgaben ihre Konzentrationsspanne verlängern, indem sie barfüßig unter dem Schreibtisch ihre Zehen mit ein paar Kastanien beschäftigen.

Wenn Ihr Kind diese Fähigkeiten schon vor dem Schuleintritt beherrscht, ist es feinmotorisch gut vorbereitet. Es gibt auch eine Reihe von Spielen, die speziell zur Verbesserung der Feinmotorik eingesetzt werden können. Oft ist es gar nicht so einfach, besonders Jungen zur feinmotorischen Beschäftigung zu bewegen. Ihre körperliche Konstitution im Grundschulalter ist mehr auf großräumige Bewegung ausgelegt als auf Fingerfertigkeit. Wenn Gesellschaftsspiele den Wettkampfgeist herausfordern, lassen sich aber auch Jungen für das „Feinmotoriktraining" begeistern.

Die Handhabung von Werkzeugen wie Schraubenziehern oder Zangen fördert die Feinmotorik und die Koordinationsfähigkeit ebenso wie ein Angebot unterschiedlichster Basteleien: Perlenketten aufziehen, ein Vogelhäuschen bauen, Weihnachtssterne oder Fensterbilder ausschneiden und zusammenkleben, Faltarbeiten, Collagen. Auch altersgemäße Puzzles oder Fädelspiele stoßen auf Begeisterung.

Sprachverständnis: Reden und verstehen

■ Viel mehr noch als im Kindergarten sind in der Schule Sprachverständnis und Ausdrucksfähigkeit Ihres Kindes gefordert. Hier befindet sich Ihr Kind in einer wesentlich größeren Gruppe als im Kindergarten und muss ganz neu lernen, sich auszudrücken und durchzusetzen. Das genaue und geduldige Zuhören ist dabei ebenso wichtig wie die Fähigkeit, seine eigene Meinung und seine Wünsche möglichst präzise und klar in Worte zu fassen. Wer das gut kann, hat viele Vorteile.

• Sehen Sie sich mit Ihrem Kind immer wieder Bilderbücher an und sprechen Sie über die Geschichten. Stellen Sie Fragen zum Inhalt der Geschichte, aber benennen Sie auch so oft wie möglich Gegenstände und Personen. Weisen Sie Ihr Kind dabei auch auf Details hin und stellen Sie Fragen, auf die Ihr Kind mit ganzen Sätzen antworten muss und sich nicht auf „ja" oder „nein" beschränken kann, zum Beispiel: „Siehst du den Schnurrbart? Was fällt dir daran auf?"

Wörter hüpfen

Für Ihr Kind ist es nicht selbstverständlich, dass ein Satz aus mehreren Wörtern besteht. Mit dem folgenden Spiel kann es ein Gefühl für die Bestandteile eines Satzes, die Wörter, erlangen:
Sprechen Sie Ihrem Kind einen Satz vor, erst mit zwei, dann mit drei, dann mit vier, dann mit fünf oder sechs Wörtern. Nun soll Ihr Kind erraten, aus wie vielen Wörtern dieser Satz besteht. Dazu kann es beispielsweise bei jedem Wort in die Luft hüpfen, in die Hände klatschen oder einen kleinen Ball in die Luft werfen. So bekommt es ein Gefühl dafür, wo das eine Wort endet und das andere beginnt. Das Spiel können Sie auch mit Silben machen, wenn Ihr Kind Wörter eindeutig erkennt. Bei diesen Übungen sollten Sie Ihr Kind aber nicht korrigieren, es geht lediglich darum, ein Gefühl für die Sprache zu entwickeln. Die Feinheiten lernt es dann in der Schule.

Dingsda

Ein sehr gutes unterhaltsames und lehrreiches Spiel ist das Beschreiben von Dingen, ohne deren Namen nennen zu dürfen. „Wörterdetektive" finden schnell heraus, um was es sich bei dem beschriebenen „Dingsda" handelt: „Mein Dingsda hat eine große Blüte. Es hat einen Stängel mit vielen Stacheln. Mein Dingsda ist rot und riecht sehr gut. Manchmal schenkt Papa der Mama ein Dingsda." Lösung: die Rose.

• Erzählen Sie sich gegenseitig Geschichten, lassen Sie Ihr Kind teilhaben an den Geschehnissen Ihres Alltags. Ihr Kind wird Ihnen auch gerne von seinen Erlebnissen mit seinen Freunden in der Kita erzäh-

Sprache lebt vom Austausch: Haben Sie ein „offenes Ohr" für Ihr Kind und teilen Sie ihm mit, was Sie erlebt haben.

Viele Kinder sprechen vor dem Schuleintritt nicht deutlich. Sie nuscheln, verschlucken Silben oder Endungen und reden viel zu leise. Grobe Sprachfehler können durch eine logopädische Behandlung korrigiert werden, aber oft ist das gar nicht nötig. Die folgenden Übungen helfen Ihrem Kind beim deutlichen Sprechen.

- Luftballons aufblasen
- harte Brotkrusten kauen
- Seifenblasen pusten
- Wattebällchen über den Tisch blasen
- Getränke mit Strohhalmen trinken
- mit der Zunge schnalzen.

len. Auch hier gilt: Fragen Sie nach und bestehen Sie auf genaue Beschreibungen.

- Viele Vorschulkinder achten noch nicht darauf, grammatikalisch korrekte Sätze zu bilden. Kleine Fehler schleichen sich schnell ein, zum Beispiel der fehlende Plural, falsche Vergangenheits- oder Steigerungsformen. Wiederholen Sie die Sätze richtig, ohne direkt auf die Fehler hinzuweisen. Ihr Kind merkt über diese indirekte Korrektur genau, was es noch verbessern kann.
- Es ist wichtig, dass Ihr Kind Reimwörter erkennt. Wenn es merkt, dass die Wörter „Haus" und „Maus" gleich klingen, versteht es viel leichter, dass sie auch ähnlich geschrieben werden. Suchen Sie gemeinsam nach Reimen oder bieten Sie Ihrem Kind Wörter an, aus denen es das Wort auswahlt, das sich auf ein anderes reimt.

Soziale Kompetenzen muss jeder Mensch im Laufe seines Lebens erst entwickeln.

Ein gutes Sozialverhalten: Kontakt und Kommunikation

■ Für viele Eltern ist es eine furchtbare Vorstellung, dass ihr Kind in der Schule keine Freunde finden könnte und in den Pausen alleine herumsteht. Gute Freunde in der Klasse sind für jedes Kind wichtig, damit es sich in der Schule wohlfühlen kann. Wer sich in die Gruppe einfügen, die Bedürfnisse anderer erkennen, auf sie eingehen kann und konfliktfähig ist, wird leicht in der Klassengemeinschaft Anschluss finden.

Beim Thema Sozialverhalten haben Kinder mit Geschwistern einen großen Vorteil. Schon sehr früh müssen sie sich die Aufmerksamkeit ihrer Eltern „teilen" und lernen dadurch, dass sie nicht immer im Mittelpunkt stehen können. Bei Einzelkindern ist das oft anders. Damit sie nicht erst in der Schule damit konfrontiert werden, nur ein Teil einer Gruppe zu sein, sollten Einzelkinder unbedingt den Kindergarten besuchen und die Möglichkeit haben, sich häufig mit ihren Freunden zu treffen. Aber auch für Geschwisterkinder sind Kontakte außerhalb der Familie wichtig. Je mehr unterschiedliche Freunde ihr Kind hat, desto besser lernt es, mit den Verschiedenheiten umzugehen.

Wie in anderen Bereichen auch, überträgt sich das Sozialverhalten in der Familie auf das Kind. Lassen Sie Ihr Kind also daran teilhaben, wenn Sie einen kranken Freund im Krankenhaus besuchen, der Opa Hilfe braucht oder ein Geschwisterkind getröstet werden muss. Sprechen Sie offen und ehrlich über Gefühle, allerdings ohne Ihr Kind damit zu belasten. Es soll erleben, dass positive wie negative Gefühle ein Teil des Lebens sind. Auch Konflikte und Streitigkeiten sollten nicht einfach unter den Tisch gekehrt oder totgeschwiegen werden. Versuchen Sie gemeinsam, Konflikte anzusprechen und Lösungen dafür zu finden.

Die Gefühle des anderen lesen können

Im zwischenmenschlichen Miteinander gibt es eine Vielzahl von Gefühlen, die nicht nur durch Worte, sondern ebenso durch Körpersprache und Mimik vermittelt werden. Um diese Gefühle besser lesen zu können, eignet sich das folgende Spiel. Ein Mitspieler stellt ein Gefühl durch einen Gesichtsausdruck oder eine Körperhaltung dar, beispielsweise das Gefühl „Wut". Ein anderer kopiert die Bewegungen, „spiegelt" dieses Gefühl und versucht dabei zu erraten, um welches Gefühl es sich handelt. Sehen Sie sich vorher Bilder im Fotoalbum an und versuchen Sie gemeinsam mit Ihrem Kind, in den Gesichtsausdrücken Gefühle zu erkennen.

Kooperative Spiele für Teamplayer

Natürlich finden alle Kinder Wettkämpfe schön und besonders Jungen möchten sich ständig mit anderen messen. Um die Teamfähigkeit zu verbessern und ein Gefühl für unterschiedliche Fähigkeiten zu bekommen, eignen sich Spiele, bei denen es darum geht, gemeinsam ein Problem zu lösen. Unter den Brettspielen gibt es einige, bei denen alle Spieler zusammen gegen die Zeit oder gegen einen Gegner spielen. Besonders zu empfehlen ist die Reihe „Wer war's?" von Ravensburger, in der inzwischen mehrere sogenannte kooperative Spiele zu erhalten sind.

Auch beim Sozialverhalten gilt: Kinder ahmen nach. Leben Sie in der Familie ein positives Miteinander vor.

Wach mit allen Sinnen

Hören

- Sammeln Sie kleine Döschen (Überraschungseier) und füllen Sie jeweils zwei davon mit dem gleichen „rasselnden" Inhalt. Als Füllmaterial eignen sich Reiskörner, Sand, Perlen, Streichhölzer oder Nüsse. Ihr Kind schüttelt die verschlossenen Döschen und versucht, am Rasselgeräusch zu erkennen, welche zwei gleich gefüllt sind.
- Verstecken Sie in der Wohnung einen Wecker, dessen Ticken ganz leise zu hören ist. Findet Ihr Kind den Wecker nur durch genaues Hinhören?

Schmecken

- Lassen Sie Ihr Kind ganz unterschiedliche Lebensmittel mit verbundenen Augen kosten. Kann es erraten, was sich gerade in seinem Mund befindet?
- Erweitern Sie das Spiel, indem Ihr Kind die Lebensmittel verschiedenen Geschmacksrichtungen zuordnet: süß, sauer, bitter, salzig und scharf.

Sehen

- Verbinden Sie Ihrem Kind die Augen. Kann es bekannte Gegenstände aus dem Gedächtnis beschreiben? Welche Bilder hängen im Kinderzimmer an der Wand, was steht auf der Fensterbank im Wohnzimmer?
- Beschreiben Sie eine Person. Kann Ihr Kind sie identifizieren?

Riechen

- Lassen Sie Ihr Kind an Obst, Gemüse oder Kräutern mit verbundenen Augen riechen. Kann es einige Sorten erkennen? Achtung, manche Früchte entfalten erst durch Kleinschneiden oder Reiben ihr Aroma.

Gleichgewicht und Bewegung

- Gehen Sie mit Ihrem Kind spazieren – aber nicht mit langweiligen, immer gleichen Schritten. Üben Sie sich mit ihm im Schleichen, Rennen, Tanzen, Hüpfen, Seitgalopp, Zehenspitzenlauf. Am besten natürlich nicht auf schmalen Gehwegen, sondern im Park oder im Wald.
- Roller, Laufrad, Fahrrad, Inliner, Waveboards – es gibt viele Gerätschaften, die den Gleichgewichtssinn trainieren. Ein Besuch im Hochseilgarten fordert alle Sinne heraus und gibt zudem eine Menge Selbstbewusstsein.

Voll konzentriert: Die Aufmerksamkeitsleistung verbessern

■ Sicher machen auch Sie sich vor der Einschulung Ihres Kindes Gedanken darüber, ob sein Durchhaltevermögen und seine Konzentrationsfähigkeit für den Schulbesuch ausreichend sind. Keine Sorge, die meisten Vorschulkinder sind durchaus in der Lage, sich über einen längeren Zeitraum intensiv zu konzentrieren – zumindest dann, wenn ihr Interesse geweckt ist. Anders sieht es aus, wenn sich Kinder langweilen und sich thematisch nicht angesprochen fühlen. Hier entstehen leicht Konzentrationslücken. Es erfordert ein hohes Maß an Selbstdisziplin, um im Unterricht trotzdem weiter zuzuhören.

Achten Sie darauf, dass Ihr Kind angefangene Spiele oder Aufträge möglichst auch beendet. Je häufiger es erlebt, dass diese Anstrengung sich lohnt und zu einem Abschluss führt, desto größer wird seine Konzentrationsspanne werden.

Mit den genannten Spielen können Sie das Durchhaltevermögen zu Hause trainieren. Brechen Sie die Spiele nicht von sich aus ab, sondern versuchen Sie, die Aufmerksamkeit Ihres Kindes so lange wie möglich zu binden, besonders wenn es Zeichen von Ermüdung zeigt. Langsam kann es so seine Konzentrationsfähigkeit steigern.

Spiele und Übungen, die unsere Sinne schulen, stärken auch die Konzentrationsfähigkeit.

Alle Sinne zusammen!

Je besser es Ihrem Kind gelingt, seine verschiedenen Sinne miteinander zu verbinden, desto weniger wird es von störenden Reizen abgelenkt. Die Wahrnehmung der einzelnen Sinnesbereiche können Sie zum Beispiel folgendermaßen trainieren:

• Geben Sie Ihrem Kind eine Banane und lassen Sie es diese gründlich erforschen. Welche Farbe hat die Banane, wie riecht sie, wie sieht der Stängel aus, welche Maserung hat die Schale oder wie schwer ist sie? Geben Sie ihm dann noch eine zweite und eine dritte Banane, die alle genau beschrieben werden und einen eigenen Namen bekommen. Mischen Sie dann die Bananen und überprüfen Sie, ob Ihr Kind jeder Banane ihren richtigen Namen zuordnen kann.

• Da es bei einer guten Konzentration um die Integration aller Sinne geht, können Sie beim gemeinsamen Abendessen die folgenden Fragen „diskutieren": Wie hört sich Gestank an, welche Farbe hat Glück oder wie riecht der erste Ferientag?

muss, auch mit Misserfolgen umzugehen. Je stärker sein Selbstbewusstsein ist, desto besser wird ihm das gelingen. Nutzen Sie also jede Gelegenheit, Ihr Kind stark zu machen.

Je mehr Erfolgserlebnisse Ihr Kind erlebt, desto stärker wird es an sich und sein Können glauben. Es ist daher für das Selbstbewusstsein ganz wichtig, dass Sie Ihrem Kind nicht alles abnehmen, sondern es eigene Erfahrungen machen lassen.

Eltern können ihrem Kind nicht in jeder Situation zur Seite stehen, das wäre auf Dauer auch gar nicht gut. Spätestens in der Schule müssen die Erstklässler ein paar Stunden alleine zurechtkommen. Wenn Sie sich dann ängstlich oder alleingelassen fühlen, können kleine Ritualgegenstände helfen. Wie wäre es denn mit einem besonders schönen Stein, der beruhigend in der Hosentasche liegt und an den letzten Sonntagsspaziergang erinnert? Schon früh kann ein Kind lernen, sich mit einem Gegenstand zu trösten oder zu beruhigen, bis es seine Eltern wieder in die Arme schließen kann.

So paradox es klingen mag: Setzen Sie als Eltern klare Regeln für den Familienalltag – auch das fördert das Selbstbewusstsein Ihres Kindes. Je ge-

Selbstvertrauen hilft, auch mit kleineren Niederlagen und Misserfolgen zurechtzukommen.

Ich kann das: Das Selbstbewusstsein fördern

■ Die Anforderungen an Selbstbewusstsein und Selbstvertrauen Ihres Kindes sind in der Schule deutlich höher als im Kindergarten. Neben der täglichen Auseinandersetzung mit anderen Kindern kommt in der Schule der Leistungsanspruch hinzu. Das bedeutet, dass Ihr Kind verstärkt lernen

Gut, dass du da bist!

Bilden Sie eine gemütliche Runde, vielleicht kuscheln sie dabei vor dem Schlafengehen auf dem Sofa, und sagen Sie sich abwechselnd positive Dinge. Jeder sollte dabei dreimal an die Reihe kommen und drei positive Erlebnisse schildern oder drei positive Eigenschaften des Gegenübers formulieren. Hier geht es um eine positive Wertschätzung des Gegenübers sowie darum, von anderen zu erfahren, wie man selbst gesehen und erlebt wird.

Oberbegriffe finden

Das Einsortieren verschiedener Dinge in Kategorien erleichtert unter anderem die Wahrnehmung der Umwelt. Lassen Sie Ihr Kind, so oft es sich anbietet, Oberbegriffe finden. Worunter sind zum Beispiel die folgenden Dinge zu fassen?

- Fahrrad - Roller - Skateboard - Inliner – Rollschuhe
  (Fortbewegungsmittel auf Rollen)
- Eiche - Ahorn - Buche - Birke - Esche (Bäume)
- Grün - Blau - Rot - Gelb - Lila (Farben)

Spiele spielen – Regeln verstehen

Um Spielregeln zu verstehen, muss Ihr Kind ein logisches Verständnis entwickeln. Die Anweisung *Beim Würfeln einer fünf muss eine Karte gezogen werden* verdeutlicht einen kausalen Zusammenhang („wenn – dann"), ohne den das jeweilige Spiel keinen Sinn ergibt. Nutzen Sie also Ihre gemeinsame Freizeit, um verschiedene Brett- oder Kartenspiele auszuprobieren. Diskutieren Sie dabei auch über die Regeln und denken Sie sich unter Umständen gemeinsam neue zusätzliche Bestimmungen aus. Eine besondere Herausforderung ist es, sich selbst ein Spiel mit Regeln auszudenken.

nauer ein Kind weiß, was es darf und was nicht, desto besser kann es sich orientieren. Kinder sind verunsichert, wenn sie von den Erwachsenen widersprüchliche Botschaften empfangen, und sich an ständig wechselnde Regelungen halten sollen.

Verantwortung zu tragen, macht stark: Binden Sie Ihr Kind in Entscheidungsprozesse mit ein und zeigen Sie ihm damit, dass seine Meinung wichtig ist: Was sollen wir heute kochen, was schenken wir Tante Sabine und wer kümmert sich im Urlaub um das Meerschweinchen? Übertragen Sie ihm kleine Aufgaben, die es alleine bewältigen kann, zum Beispiel den Tisch zu decken, und geben Sie ihm Verantwortung für regelmäßige Aufgaben wie das Gießen bestimmter Pflanzen oder das Leeren des Altpapierkorbes.

Fit in Mathe: Logische und kognitive Fähigkeiten

■ Je begabter Ihr Kind im logischen und kognitiven Bereich ist, desto besser kann es Zusammenhänge zwischen verschiedenen Ereignissen erkennen. Für das allgemeine Lernen ist diese Fähigkeit von zentraler Bedeutung. Es ist erwiesen, dass die Verknüpfung von alten und neuen Informationen ganz erheblich zum Merken von neuen Lerninhalten beiträgt. Mit den folgenden Übungen und Spielen trainiert Ihr Kind diese Fähigkeit.

Den Forschergeist wecken

■ Durchbrechen Sie im Alltag gewohnte Abläufe und stellen Sie Ihrem Kind überraschende Fragen. Was passiert, wenn du mit der Zahnpasta nicht

Zeigen Sie Ihrem Kind, dass auch seine Meinung wichtig ist.

deine Zähne putzt, sondern deine Hände wäschst? Können wir die Nudeln auch in Milch weich kochen? Hast du schon einmal probiert, mit Orangensaft zu schreiben? Ihr Kind trainiert durch solche Überlegungen, vom gewohnten Weg abzuweichen und kreative Ideen zu entwickeln. So bahnt sich ein Problemlöseverhalten an, das in der Schule von großem Gewinn sein kann.

Ist der DVD-Spieler kaputt? Gibt das Handy keinen Mucks mehr von sich? Sammeln Sie kaputte Geräte in einer Forscherkiste und holen Sie diese an einem Regentag heraus. Nun kann Ihr Kind erforschen, aus welchen Teilen die Geräte zusammengesetzt sind. Ein kleiner Handwerkskasten mit Schraubenzieher, Zange und Hammer hilft beim Werkeln. Das fördert das technische Verständnis, die Kreativität und ganz nebenbei auch noch die Feinmotorik.

Kinder lernen am besten, wenn sie sich angenommen und sicher fühlen.

Reihen und Muster bilden

■ In der Mathematik kommt dem Erkennen von bestimmten Mustern und Reihen eine große Bedeutung zu. Wer Muster erkennen möchte, lernt dies am besten durch das Bilden eigener Folgen und Anordnungen. Besonders gut eignen sich dazu Perlen und Knöpfe, die zu Reihen auf Schnüre aufgezogen werden. Aber auch das Verzieren von Glückwunschkarten mit Farbstiften durch einen Rand aus sich wiederholenden geometrischen Formen oder Punkten verschiedener Farben übt das Bilden von Reihen.

Logische Zusammenhänge erschließen

■ Erzählen Sie Ihrem Kind eine Geschichte, in der verschiedene Ereignisse in einer bestimmten, logischen Reihenfolge aufeinander folgen. Ein Kind packt seine Badesachen, fährt mit dem Bus ins Schwimmbad, kauft eine Eintrittskarte, zieht sich um, duscht, springt vom Sprungbrett. Kann Ihr Kind diese Geschichte in der richtigen Reihenfolge wiederholen?

Manchen Kindern fällt dies leichter, wenn es entsprechende Abbildungen zur Verfügung hat und die Geschichte anhand dieser rekonstruiert.

Das A und O: Ein liebevolles Umfeld

■ Jedes noch so ausgeklügelte Trainingsprogramm und jedes pädagogisch wertvolle Spiel wird nur wenig bewirken können, wenn ein Kind sich damit nur widerwillig oder lustlos beschäftigt. Besonders Vorschulkinder sind noch ganz stark auf eine persönliche und liebevolle Beziehung angewiesen.

Im sensiblen Alter von fünf oder sechs Jahren orientieren Kinder sich an Vorbildern. Allen voran sind das die Eltern, aber auch nahe Verwandte oder gute Freunde sind Menschen, an denen sich Kinder orientieren. Spiele, Ausflüge, Gespräche oder Anregungen aus und mit diesem Personenkreis haben den größten Einfluss auf die Entwicklung des Kindes.

Leider sind Zeitdruck und die allgemeine Belastung in fast allen Familien hoch. Lange Arbeitszeiten, weite Anfahrtswege, viele Alleinerziehende und schrumpfende Familien führen dazu, dass viele Kinder oft sich alleine überlassen sind. Doch ohne ausreichend Zeit und geduldige Bezugspersonen ist es für ein Kind schwer, all seine Begabungen und Talente zu entwickeln. Die Förderung der verschiedenen Fähigkeiten eines Kindes gelingt eben nur über den direkten Kontakt. Ein Fernseher oder ein Computer sind kein Ersatz für einen geduldigen und liebevollen Elternteil.

Planen Sie deshalb einmal pro Woche eine gemeinsame Aktivität mit der ganzen Familie. Jeder darf abwechselnd einen Vorschlag machen: ein gemütliches Essen (nach einer gemeinsamen Kochaktion), ein Spielenachmittag, ein Schwimmbadbesuch oder ein Spaziergang im Tierpark. Das Wichtigste ist, dass sich alle füreinander Zeit nehmen. <<<

Spielerisch lernen Kinder Regeln zu verstehen und sie zu akzeptieren.

Zeit füreinander haben, miteinander spielen: eine gute Basis für den Schulstart

Jedes Kind hat sein eigenes Tempo

Auch Ihr Kind ist einzigartig

■ Die Ergebnisse der Checklisten werden von Kind zu Kind ganz unterschiedlich ausfallen – und das ist auch gut so. Manche Kinder sind in ihren Fähigkeiten schon sehr weit entwickelt, andere haben noch etwas Nachholbedarf. Es kann auch sein, dass manche Kinder in Teilbereichen bereits weit entwickelt sind und in anderen weniger. Wir Erwachsenen haben ja auch nicht in allen Bereichen unsere Stärken, abgesehen von einigen wenigen Multitalenten.

Jedes Kind entwickelt seinen eigenen Lernstil

Jedes Kind ist anders

■ Jedes Kind verfügt über eine ganz individuelle Persönlichkeit, die sich sowohl aufgrund seiner Veranlagungen als auch aus seinen bisherigen Lebenserfahrungen ergibt. Aus den Vorschülern oder Erstklässlern werden sich im Laufe der Jahre unterschiedliche Menschen mit individuellen Lebenskonzepten entwickeln. Wie langweilig, wenn das nicht so wäre!

Es gibt also kein Kind, das einem anderen total gleicht. Selbst eineiige Zwillinge, die sich äußerlich sehr ähnlich sein können, entwickeln unterschiedliche Persönlichkeiten und Interessen. So ist es nicht verwunderlich, wenn Vergleiche mit anderen Kindern zu dem Ergebnis führen, dass es große Unterschiede gibt. Nicht nur in unseren Checklisten, sondern auch im Alltag.

Trotzdem geraten viele Eltern immer wieder in die Vergleichsfalle. Besonders wenn es um die Schulfähigkeit geht, nehmen sie die Kompetenzen der anderen Kinder ganz genau wahr und stellen Vergleiche zum eigenen Kind her: „Ist mein Kind so fit wie die anderen? Wird es den neuen Anforderungen gerecht werden? Wird es mit den anderen mithalten können? Kann es in der Schule bestehen?"

Natürlich ist es Ihr Recht als Eltern, sich um die Entwicklung Ihres Kindes Gedanken zu machen. Dabei besteht jedoch die Gefahr, beim eigenen Kind nur die Defizite im Vergleich zu anderen wahrzunehmen und seine Stärken zu vernachlässigen. „Lukas ist schon so selbstständig und holt morgens Brötchen. Anna kann bereits bis 20 zählen.

Lisa kennt schon alle Buchstaben." Das ist ganz toll. Wahrscheinlich können aber weder Lukas noch Anna noch Lisa am nächtlichen Sternenhimmel einzelne Sternbilder erkennen oder verfügen über ein ausgeprägtes Detailwissen über bestimmte Tierarten.

Die Stärken stärken

■ Gerade die Stärken sind es, an denen ein Kind sein Selbstbewusstsein aufbaut und sein Selbstbild entwickelt. Dabei ist es zunächst völlig egal, in welchem Bereich ein Kind gut ist. Wichtig ist, dass es Interesse für ein Thema entwickelt, unabhängig davon, ob es sich dabei um Sport, Musik, Bilderbücher, Autos, Tiere, Gemaltes oder Gebasteltes handelt. Die Erfahrung, etwas gut und gerne zu machen, trägt maßgeblich zum positiven Selbstbild eines Kindes bei. Anerkennung, Lob und Erfolgserlebnisse sind Erfahrungen, die ein Kind auch auf andere (Lern-)Bereiche übertragen möchte. Knüpfen neue Lerninhalte an solche Interessen und Fähigkeiten an, gelingt der Wissenszuwachs oft ganz spielerisch und wie nebenbei.

Dabei sollten Sie aber auch bedenken, dass Ihr Einfluss Grenzen hat. Selbstverständlich können Sie Ihrem Kind durch eine liebevolle und zugewandte Erziehung die bestmöglichen Startchancen in der Schule sichern. Doch jede Förderung hat ihre Grenzen und nicht jedes Ziel kann erreicht werden. Die Kunst der Erziehung liegt darin, die Chancen und Grenzen jedes einzelnen Kindes zu erkennen und zu akzeptieren.

Loben Sie Ihr Kind, wenn ihm etwas besonders gut gelingt.

Fördermöglichkeiten nutzen

Je jünger das Kind zu Beginn einer Fördermaßnahme ist, desto besser sind die Erfolgschancen.

■ Viele Eltern erschrecken zunächst, wenn vonseiten der pädagogischen Fachleute, der Schulpsychologen oder der Lehrkräfte ein Förderbedarf ihres Kindes festgestellt wird. Jede Familie möchte natürlich ein „perfektes" Kind, ohne Schwächen, Entwicklungsverzögerungen oder Defizite. Doch im Laufe der Entwicklung wird deutlich, dass jeder Kronprinz und jede Prinzessin auch nur ein ganz normaler Mensch mit seinen individuellen Stärken und Schwächen ist.

Besonders bei Erstgeborenen oder Einzelkindern kommt der Hinweis auf eine möglicherweise notwendige Förderung oder Therapie für die Eltern oft völlig überraschend, obwohl ein solcher Hinweis oder eine solche Diagnose keine Ausnahme darstellt.

Einer Umfrage der Techniker-Kasse zufolge wird in Deutschland jedes zweite Kind vor seinem 18. Lebensjahr mindestens einmal therapeutisch betreut. Wie gut, dass es in Deutschland zahlreiche Möglichkeiten gibt, ein Kind zu unterstützen.

Zu den am häufigsten empfohlenen Therapien gehören die Ergo- oder Bewegungstherapie und die Logo- oder Sprachtherapie. Beide Hilfsangebote werden von den Krankenkassen unterstützt, sodass für die Eltern keine zusätzlichen Kosten entstehen. In der Ergotherapie erhalten entwicklungs-verzögerte Kinder je nach Diagnose in den Bereichen Motorik oder Wahrnehmung eine gezielte Förderung. Die Übungen sind oft körperbezogen und setzen an den positiven Ressourcen des Kindes an. Die Zahl der Kinder, die eine Ergotherapie besuchen, ist groß und nimmt immer noch zu. Eine Ursache für den Förderbedarf sehen Fachleute in der mangelnden Bewegung von Kindern. In der Logopädie geht es um den Bereich der Stimme und des Sprechens. Hier werden besonders Auffälligkeiten wie Stottern, Stammeln, Lispeln oder Schwierigkeiten mit der Aussprache bestimmter Besonderheiten (S-Laute, K-Laute) bearbeitet.

Kooperation mit der Schule

■ Wenn Ihr Kind bereits vor der Schule eine Therapie erfolgreich durchlaufen und abgeschlossen hat, brauchen Sie die Schule darüber nicht zu unterrichten. Befindet sich Ihr Kind jedoch in einer laufenden Förderung, kann die Information der Lehrkraft sehr sinnvoll sein. Besonders bei Schwächen, die sich auf den Unterricht auswirken, kann die Schule unterstützen, wie zum Beispiel ein stotterndes Kind nicht unnötig aufrufen oder ein bewegungseingeschränktes Kind im Sportunterricht sensibel behandeln. Es kann auch sinnvoll sein, ein Gespräch zwischen den Therapeuten und den Lehrern zu initiieren, um für einen Austausch der Informationen unter Fachleuten zu sorgen. Besonders wenn ein Kind geringe Fortschritte macht oder eine Lernblockade vorliegt, deren Ursache noch unklar ist, ist ein Austausch unter den Fachleuten erhellend. Obwohl so eine Vorgehensweise nicht unbedingt üblich ist, kann ein Kind davon sehr profitieren. Einen Versuch ist es auf jeden Fall wert.

Legasthenie und Dyskalkulie

■ Wenn im Kindergarten festgestellt wurde, dass Ihr Kind zu einer Risikogruppe gehört, die möglicherweise eine Lese-Rechtschreib-Schwäche (Legasthenie), also eine Sprachentwicklungsstörung, oder eine Rechenschwäche (Dyskalkulie) entwickeln wird, sollten Sie die Schule unbedingt informieren. Die Lehrer können dann bewusster auf das Lernverhalten Ihres Kindes achten, bei ersten auftretenden Schwierigkeiten kleinschrittiger vorgehen und sofort unterstützen.

Kinder mit sogenannten Teilleistungsstörungen profitieren sehr von einer frühen Förderung. Viele können mit der richtigen Unterstützung durch die Schule oder durch außerschulische Lerntherapien ihr Handicap gut in den Griff bekommen. In den einzelnen Erlassen oder Verordnungen der Bundesländer ist darüber hinaus geregelt, welche Form des „Nachteilsausgleichs" den betroffenen Kindern zusteht. Dabei kann es sich beispielsweise um Zeitzugaben, differenzierte Aufgabenstellungen oder einen Notenschutz handeln. Die jeweils aktuellen Verordnungen der einzelnen Bundesländer können Sie über die Internetseite des Bundesverbandes Legasthenie und Dyskalkulie e.V. abrufen: www.bvl-legasthenie.de.

Aufmerksamkeitsstörungen

■ Besonders zugenommen haben bei Schulkindern, insbesondere bei Jungen, Schwierigkeiten in den Bereichen Aufmerksamkeit, Merkfähigkeit oder Konzentration. Der Begriff ADS / ADHS oder Aufmerksamkeitsstörung ist seit einigen Jahren in aller Munde. Wenn Ihr Kind besonders unruhig und unkonzentriert ist, kann das in der Schule schnell zu Problemen führen. Anders als im Kindergarten sind Konzentration und gelenkte Aufmerksamkeit maßgeblich für den Schulerfolg. Sie sollten in diesem Fall den Kinderarzt informieren und offen mit den Lehrern sprechen, um gemeinsam zu überlegen, was Ihrem Kind helfen kann. Ein Platz im vorderen Bereich des Klassenzimmers, bestimmte Belohnungsverfahren oder eine engere Kontrolle der Hausaufgaben können erste Schritte sein, um Ihrem Kind die konzentrierte Beteiligung am Unterricht zu erleichtern und ihm Erfolgserlebnisse zu ermöglichen. <<<

Suchen Sie mit Lehrern und Fachleuten nach Unterstützungsmöglicheiten für Ihr Kind.

Den Übergang bewältigen

Das Kind auf dem Weg in die Selbstständigkeit unterstützen

■ Neugierige Kinder fragen ihren Eltern vor dem ersten Schultag ein Loch in den Bauch. Sie wollen ganz genau wissen, was auf sie zukommt. Doch viele der berechtigten Fragen können Eltern nicht beantworten. Oft haben sie die Lehrerin selbst noch nicht kennengelernt, wissen nicht genau, wo der Klassenraum ist, kennen die Räumlichkeiten nicht und können nicht ahnen, wer neben ihrem Kind sitzen wird. Anders als im Kindergarten müssen die Schülerinnen und Schüler jetzt viele Situationen alleine bewältigen.

Selbstständigkeit – ein wichtiger Baustein für den Schulerfolg

■ Vom ersten Tag an fordert die Schule eine gewisse Selbstständigkeit, gleichzeitig fördert sie diese aber auch. Die Selbstständigkeit ist eine wichtige Grundlage für den Schulerfolg, denn ängstliche Kinder entwickeln möglicherweise Lernblockaden. Wer verunsichert ist und nicht weiß, was ihn im Laufe des Schultages erwartet, wird sich nicht auf den Unterricht konzentrieren können. Sie können Ihr Kind mit der richtigen Reaktion auf seine vielen Fragen unterstützen. Nehmen Sie sich Zeit, um gemeinsam mit

ihm über alle Vorstellungen zu sprechen und nach Antworten zu suchen. Nehmen Sie Sorgen und Ängste ernst, ohne jedoch Katastrophen herbeizureden. Wenn Ihr Kind vor bestimmten Situationen besonders viel Angst hat, sollten Sie mit ihm nach möglichen Handlungsmöglichkeiten suchen. Signalisieren Sie Ihrem Kind, dass es für (fast) jedes Problem eine Lösung gibt.

Was tue ich, wenn ich plötzlich nach Hause möchte? Was mache ich, wenn mich ein anderes Kind ärgert? Wer hilft mir, wenn ich nicht weiter weiß? Was mache ich, wenn ich plötzlich auf die Toilette gehen muss? Diese und

Erfolg ist die beste Motivation für jedes Kind.

ähnliche Fragen beschäftigen Ihr Kind möglicherweise sehr intensiv. Suchen Sie gemeinsam nach Antworten. Sie können Ihre eigenen Schulerfahrungen weitergeben. Auf diese Art lernt Ihr Kind, dass auch die neuen Herausforderungen der Schule lösbar sind.

Vom Chef zum Lehrling

■ Im letzten Kindergartenjahr war Ihr Kind unter den ältesten Kindern in der Einrichtung. Es hat sich stark und mächtig gefühlt, fand sich in den Räumlichkeiten gut zurecht, kannte alle Bezugspersonen und wusste, „was läuft". In der Schule bleibt nichts von diesem Gefühl übrig. Die frisch eingeschulten Kinder müssen ganz von vorne anfangen, sie sind die jüngsten, die „Greenhorns". Vielleicht haben Sie eine enge Freundschaft vom Kindergarten in die Grundschule hinübergerettet, alles andere ist neu und ungewohnt. Ihr Kind muss seine Rolle in der Klasse finden, die Lehrkraft und seine Mitschüler kennenlernen und den wachsenden Leistungsanforderungen gerecht werden. Sie als Eltern können Ihr Kind in dieser Zeit begleiten und unterstützen. Verbringen Sie Zeit mit Ihrem Kind, in der es über seine Erlebnisse sprechen kann. Lassen Sie es ruhig angehen und starten Sie im ersten Schulhalbjahr nicht zeitgleich neue Freizeitprojekte.

Viele Kinder sind stolz darauf, in die Schule zu kommen. Dieser neue Lebensabschnitt sollte sich auch im Familienalltag auswirken. Überlegen Sie gemeinsam, welche Pflichten (ein Aufräumtag in der Woche, den Schul-ranzen abends packen) Ihr Kind jetzt übernehmen kann und welche Rechte (selbst Freunde einladen, am Abend länger aufbleiben) erweitert werden können.

Wenn die Umstellung schwerfällt

■ Obwohl sich die meisten Kinder auf die Schule freuen, kann sich die Umstellung schwierig gestalten. Nach der ersten aufregenden Woche, die noch von stolzen Eltern, Geschenken und aufgeregten Erzählungen geprägt ist, kehrt schnell der Alltag ein: Jeden Morgen früh aufstehen, nachmittags Hausaufgaben machen und abends den Ranzen packen. Ihr Kind muss die vielfältigen Erlebnisse nach und nach verarbeiten. Nicht nur die täglichen Leistungsanforderungen, sondern oft vielmehr noch die fremde Klassengemeinschaft und die Beziehung zur Lehrkraft fordern viel Energie von ihm. Anstatt sich in die vertraute Gruppe aus Freunden und Erziehern im Kindergarten zu begeben, muss Ihr Kind sich in der Schule völlig neu orientieren.

Oft bringt die Einschulung auch Enttäuschungen mit sich, die ein Erstklässler verarbeiten muss. Vielleicht empfindet er die Lehrkraft als zu streng, ist mit seinem Sitzplatz nicht einverstanden oder möchte keine Hausaufgaben machen. Stellt ein Kind dann fest, dass die Schule anstrengend ist und Disziplin erfordert, gibt es manchmal ein böses Erwachen. Das kann für Sie als Eltern eine anstrengende Zeit sein, denn Sie müssen Ihr Kind jetzt zum Durchhalten

Kinder lernen Lesen und Rechnen nicht in der ersten Schulwoche. Unterstützen Sie Ihr Kind dabei, geduldig zu sein.

motivieren. Nach einigen Wochen oder Monaten haben sich die meisten Kinder dann aber an die neue Lebensphase gewöhnt und es kehrt Ruhe ein.

Kinder brauchen Zuhörer

■ Trotzdem brauchen Kinder ein Ventil, um die anfangs oft aufwühlenden Ereignisse eines Schultags zu verarbeiten. Das tägliche Gespräch mit den Eltern ist dabei ebenso wichtig wie ausreichende Spielmöglichkeiten. Manche Erstklässler erholen sich nach dem Schultag auch erstmal bei einem kleinen Mittagsschläfchen oder indem sie ganz alleine im Kinderzimmer etwas bauen oder basteln. Achten Sie besonders in den ersten Schulwochen und -monaten auf die Signale, die Ihr Kind aussendet. Nehmen Sie sich Zeit, um Verstimmungen, Ängste oder freudige Ereignisse zu erkennen und anzusprechen. Auch wenn Ihr Kind zu den „schweigsamen Erstklässlern" gehört, bedeutet das nicht, dass es nichts erlebt hat. Vielleicht fehlen ihm nur die Worte, um die Ereignisse auszudrücken. Fragen Sie anfangs ruhig gezielt nach und vermeiden Sie Fragen, auf die Ihr Kind lediglich mit „ja" oder mit „nein" antworten kann: „Wer hat heute neben dir gesessen?" „Was hast du in den Pausen gemacht?" „Hast du etwas im Unterricht nicht verstanden, was?" „Was hat dir heute am besten

Gemeinsam schmeckt es doppelt so gut

gefallen?" „Welcher Mitschüler, welche Mitschülerin ist dir heute besonders aufgefallen?" „Wen würdest du gerne mal einladen?"

Kinder brauchen Freunde

■ Für das Wohlbefinden eines Schulkindes ist seine Akzeptanz in der Klassengemeinschaft sehr wichtig. Unterstützen Sie möglichst die Vorhaben Ihres Kindes, Kontakte zu einigen Klassenkameraden aufzubauen oder neue Freundschaften zu schließen. Falls Ihr Kind darüber klagt, in den Pausen keine Spielgefährten zu finden oder sich in der Klasse oft alleine zu fühlen, sprechen Sie unbedingt mit der Lehrkraft darüber. Kinder, die sich ausgeschlossen fühlen, verlieren schnell ihre Lernmotivation, weil sie sich nicht wohlfühlen. Sie brauchen dringend Erfolgserlebnisse und eine Stärkung ihres Selbstwertgefühls. Im Unterricht kann die Lehrkraft gegensteuern, damit Ihr Kind seinen Platz in der Klassengemeinschaft findet. Zum Beispiel mit einer wichtigen Funktion als Klassensprecher oder als Coach für eine schwächeres Kind. Mit gemeinsamen Spielnachmittagen, Ausflügen oder gegenseitigen Besuchen können Sie ebenfalls dazu beitragen, dass Ihr Kind Freunde in der Klasse findet und sich angenommen und akzeptiert fühlt.

Auch der gemeinsame Schulweg bietet den Kindern eine Möglichkeit, sich besser kennenzulernen. Zudem erfahren die Kinder so, wo ihre Schulkameraden wohnen und der nachmittägliche Besuch fällt leichter. <<<

Ein gemeinsamer Schulweg bringt neben mehr Sicherheit möglicherweise auch neue Freundschaften mit sich.

Tipps zum Schulweg

Da die Zuweisung an die Grundschule in den meisten Bundesländern immer noch an den Wohnort gebunden ist, ist der Weg dorthin für viele Kinder zu Fuß zu bewerkstelligen.

- Begleiten Sie (oder ein anderer Erwachsener) Ihr Kind so lange, bis es alle Gefahrenstellen kennt und sich sicher fühlt.
- Fragen Sie im Sekretariat ihrer Grundschule nach einem Schulwegplan. Dieser wird in vielen Städten in Zusammenarbeit mit der Polizei erstellt und zeigt die sichersten (nicht die kürzesten) Wege in die Schule.
- Damit Kinder sicher zur Schule und wieder zurückkommen, bieten sich „Laufgemeinschaften" an. Sprechen Sie die Eltern der Kinder an, die in der Nachbarschaft wohnen, und vereinbaren Sie, Gruppen von Erstklässlern zu bilden, die morgens gemeinsam in die Schule und am Mittag zurücklaufen. In den ersten Wochen sollte jeweils ein Elternteil die kleine Gruppe begleiten und an möglichen Gefahrenstellen auf ein umsichtiges Verhalten hinwirken.

In Nordrhein-Westfalen gibt es das Projekt „Walking Bus," bei dem jeweils zwei Erwachsene wie ein Linienbus fest vereinbarte Haltestellen ablaufen und Schulkinder einsammeln. Dieser „Walking Bus" bringt die Kinder sicher zur Schule und auch wieder zurück (www.walking-bus.de). Ein ähnliches Konzept finden Sie unter www.verkehrszaehmer.de.

Welche Erwartungen haben Kinder an die ersten Schultage?

Die ersten Schultage bewegen Eltern und Kinder

Tipps und Ideen für einen guten Start

Signalisieren Sie Ihrem Kind Zuversicht und Vertrauen, so fällt ihm der Start leichter.

■ Lange vor dem ersten Schultag werden die künftigen Erstklässler von ihren Eltern und den pädagogischen Fachkräften aus dem Kindergarten sorgsam vorbereitet. Obwohl die meisten Kinder eine Grundschule bereits besucht und eine Klasse von innen gesehen haben, können sie sich den Alltag eines Schulkindes nicht wirklich vorstellen. So ist es zu erklären, dass viele Kinder an ihrem Einschulungstag, auf den sie lange hingefiebert haben, sehr aufgeregt und ein bisschen ängstlich sind. Nervös umklammern sie ihre großen Schultüten und tun sich manchmal schwer damit, die Eltern für die erste Unterrichtsstunde zu verlassen. Aber auch einigen Erwachsenen stehen Tränen in den Augen.

Positiv denken!

■ Sie als Eltern sind vor dem ersten Schultag Ihres Kindes bestimmt ebenfalls aufgeregt und nervös. Mit großer Sorgfalt haben Sie die bunte Schultüte

gepackt und den Verlauf dieses besonderen Tages geplant. Hoffentlich geht
alles gut! Manche haben Angst davor,
dass ihr Kind sich weigern könnte, mit
der neuen Lehrerin und den unbekannten Mitschülern in den Klassenraum zu
gehen, sich von den Eltern zu trennen.
Andere befürchten, dass sich die enge
Bindung der letzten sechs Jahre durch
die neue Lebensphase schnell auflöst.
Der große Tag, dem alle entgegenge-
fiebert haben, hat nicht nur positive
Aspekte. Doch die Einschulung Ihres
Kindes sollte dadurch nicht belastet
werden.

Versuchen Sie, Ihre Bedenken, Sorgen und Ängste nicht offen vor Ihrem
Kind zu zeigen. Lassen Sie es möglichst positiv in den neuen Lebensabschnitt starten. Je aufgeschlossener
und neugieriger Ihr Kind der Schule
gegenübersteht, desto erfolgreicher
wird es den ersten Tag (und auch die
folgenden) bewältigen. Bestärken Sie
Ihr Kind unbedingt und machen Sie
ihm Mut.

Während Ihr Kind mit seinen neuen
Klassenkameraden und der Lehrerin
oder dem Lehrer im Schulhaus ver-
schwindet, durchlaufen viele Eltern
eine Achterbahnfahrt der Gefühle. In
diesem Moment ist es sinnvoll, nicht
alleine seinen Gedanken nachzuhän-
gen, sondern sich mit den anderen
Eltern auszutauschen. Sie werden
feststellen, dass Sie sich mit Ihren Gedanken und Gefühlen in guter Gesell-
schaft befinden.

Nehmen Sie Kontakt zu anderen Eltern auf. Der Tag der Einschulung oder die erste Elternversammlung sind gute Möglichkeiten dafür.

Geschenke für den Erstklässler

■ Die Einschulung eines Kindes ist
für die ganze Familie ein bedeuten-
des Ereignis, zu dem jeder gerne etwas beitragen möchte. Schon Wochen
oder sogar Monate vor dem großen Tag
sammeln Eltern, Verwandte, Bekannte

„Mut-mach-Sätze" für Ihr Kind

Ausdruck eines positiven Gefühls:
„Wir sind sehr stolz darauf, dass du jetzt in die Schule gehst."
„Ich freue mich darüber, dass du schon so groß bist und in die Schule gehst."

Beruhigende Erwartungshaltung:
„Ich bin sicher, dass du eine nette Lehrerin / einen netten Lehrer bekommst."
„Ich glaube, du wirst in der Schule eine Menge lernen."

Betonung der eigenen Stärke:
„Am ersten Schultag sind alle Kinder aufgeregt, aber solche Situationen hast du schon oft
gemeistert. Das schaffst du."
„Dein erster Unterrichtstag ist ganz kurz, im Kindergarten bist du immer viel länger geblieben."

Auftrag formulieren:
„Ich bin ganz neugierig darauf, was du von deinem Klassenzimmer erzählst."
„Erzähle mir nachher ganz genau, was dir an deiner Lehrerin oder einem Kind aus deiner
Klasse gefallen hat."

Ideen für die Schultüte:

- gesunde Naschereien (Salzstangen, Brezeln, Obst)
- etwas Süßes (Gummibärchen)
- ein kleines Spielzeug (Sammelkarten, Aufkleber, Spielfigur, Lego)
- eine Kinderzeitschrift (z.B. Geolino)
- Kinder-Schmuck oder Haargummis
- eine Packung Glitzerstifte
- ein Lern- oder Übungsheft für Erstklässler
- Namensaufkleber
- ein Wecker
- ein kleines Buch
- eine CD (Hörbuch)

Ein Familienfest im kleinen Rahmen lässt die Einschulungszeremonie angemessen ausklingen.

oder Freunde Geschenkideen für die Schultüte, um dem frisch gebackenen Schulkind eine besondere Freude zu machen. Doch zuviele Geschenke und Glückwünsche können bei Ihrem Kind leicht die falsche Hoffnung wecken, dass es nun so weitergeht. Schnell werden Geschenke für erledigte Hausaufgaben, gute Noten, ein tolles Zeugnis oder eine gelungene Klassenarbeit erwartet.

Eine gut gefüllte Schultüte ist vollkommen ausreichend und macht jeden Erstklässler glücklich. Wer mehr schenken möchte, kann dies ja in Form einer „Finanzspritze" für das Konto Ihres Kindes tun. So kann es ein wenig Geld ansammeln und sich zu einem späteren Zeitpunkt einen großen Wunsch davon erfüllen. Ein

erster Schultag ist aufregend genug, wenn das Kind in Begleitung seiner Eltern (und der Geschwister) die neue Klassengemeinschaft kennenlernt. Ein großes Familienfest, bei dem das Kind mit Geschenken überschüttet wird, ist zwar schön, kann für Ihr Kind (und für Sie) jedoch zusätzlichen Stress bedeuten. Hier ist weniger manchmal mehr.

Der erste Schultag: Weniger ist mehr

■ Besonders beim ersten Kind und vielleicht auch ersten Enkel ist die ganze Familie in heller Aufregung, wenn es endlich so weit ist. Der Einschulungstag soll möglichst perfekt sein und allen Beteiligten noch lange positiv in Erinnerung bleiben. Rund um den ersten Schultag wird ein großer Aufwand betrieben, der leicht etwas zu viel des Guten ist. Neben den Veranstaltungen der Kirche und der Schule werden noch

Verwandte und Freunde eingeladen, die sich auf dem Schulhof einfinden und im Anschluss an die erste Unterrichtsstunde mit der Familie bis in den Abend feiern.

Dieser Wunsch nach einem gemeinsamen Feiern der Einschulung ist durchaus nachvollziehbar, bedeutet aber für viele Erstklässler unnötigen Stress. Anstatt sich auf den neuen Lebensabschnitt neugierig und entspannt freuen zu können, spüren sie den Erwartungsdruck, der dahinter steht.

Nach dem großen Einschulungstag, an dessen Ende Ihr Kind erschöpft ins Bett fällt, kommt manchmal schnell die Ernüchterung. Anstatt nun weiterhin im Mittelpunkt zu stehen und beschenkt zu werden, muss das Kind sich den neuen Anforderungen der Schule unterordnen. Ihr Kind braucht ein großes Maß an Disziplin, Durchhaltevermögen und Anpassungsfähigkeit, um mit der neuen Herausforderung fertig zu werden. Dies ist umso schwerer zu leisten, je krasser der Unterschied zwischen den Einschulungsfeierlichkeiten und der darauf folgenden Schulrealität ist.

Der Morgen danach

■ Manche Kinder sind überrascht, wenn sie nach dem aufregenden Einschulungstag am nächsten Morgen gleich wieder in die Schule gehen sollen. Erst jetzt wird ihnen bewusst, dass es sich bei der Schule um eine Einrichtung handelt, die sie nicht nach Lust und Laune, sondern Tag für Tag besuchen sollen. Planen Sie in den ersten Schulwochen daher morgens genügend Zeit ein, um Ihr Kind an den regelmäßigen Schulbesuch zu gewöhnen. Sprechen Sie beim Frühstück darüber, was Ihr Kind in der Schule erwartet und freuen Sie sich gemeinsam auf den Unterricht, die Lehrkraft und die anderen Kinder. Nehmen Sie sich auch genügend Zeit, um vergessene Dinge in den Ranzen packen zu kön-

Erlauben Sie Ihrem Kind, sich langsam an die neuen alltäglichen Umstände zu gewöhnen.

Tipps für die Gestaltung des ersten Schultags

- Machen Sie die Einschulung nicht zu einem Großereignis, über das schon Wochen und Monate vorher immer wieder gesprochen wird. Schließlich ist die Einschulung ein normaler Entwicklungsschritt, den jedes Kind durchläuft.
- Beschränken Sie die Gäste am ersten Schultag auf den engsten Familienkreis.
- Überschütten Sie Ihr Kind nicht mit Geschenken, sondern beschränken Sie sich auf den Inhalt der Schultüte. Bitten Sie auch Freunde und Verwandte, sich hier zu beteiligen.
- Planen Sie am Morgen genügend Zeit ein, um in Ruhe gemeinsam zu frühstücken.
- Zwängen Sie Ihr Kind nicht in Kleidungsstücke, in denen es zwar „eine gute Figur macht", sich aber nicht wohl fühlt.
- Gönnen Sie Ihrem Kind im Anschluss an diesen aufregenden Tag etwas Ruhe und unternehmen Sie, falls möglich, nachmittags etwas mit der Familie. Ein Besuch im Zoo, ein Spaziergang im Wald oder ein gemütliches Kaffeetrinken auf der Terrasse sind dem Anlass angemessen.

nen und um über Ängste und Befürchtungen Ihres Kindes zu sprechen. Im Laufe der nächsten Wochen wird der Schulbesuch zur Gewohnheit werden und die morgendliche Einstimmung darauf immer weniger Zeit beanspruchen.

Auch Eltern müssen lernen: Das Loslassen!

■ Wie Ihr Kind mit der Schule, seinen Klassenkameraden, den Leistungsanforderungen und den Lehrern zurechtkommt, hängt von vielen Faktoren ab. Einen Teil davon können Sie beeinflussen, vieles muss Ihr Kind alleine bewältigen. Dabei ist es ganz wichtig, dass Ihr Kind in der Familie Rückhalt erfährt. Machen Sie Ihrem Kind auf keinen Fall Angst vor der Schule, sondern signalisieren Sie, dass der neue Lebensabschnitt aufregend ist und bestimmt gelingen wird. Je selbstbewusster, neugieriger und sicherer sich Ihr Kind der neuen Lebenssituation stellt, desto besser wird es damit zurechtkommen. Spürt ein Kind jedoch die Angst und die Befürchtungen seiner Eltern, kann es nicht sorglos ins Schulleben starten. Eine offene Erwartungshaltung bei Ihnen und Ihrem Kind bieten beste Voraussetzungen für einen gelungenen Schulstart.

Im Alter von knapp sechs Jahren ist Ihr Kind in der Lage, den Übergang vom selbst initiierten Lernen der Kindergartenzeit hin zum organisierten und geplanten Lernen zu bewältigen. Ihr Kind übernimmt Verantwortung für sein eigenes Lernverhalten. Es muss sich un-

ter Umständen auf Aufgaben einlassen, auf die es keinen Einfluss und möglicherweise auch keine Lust hat. Das ist ein großer Schritt in die Selbstständigkeit, der sich auch im Familienleben bemerkbar macht. Ihr Kind entwickelt eigene Ideen und Vorstellungen davon, wie es seinen Alltag bewältigt. Es wird unabhängiger von der Meinung seiner Eltern und orientiert sich immer mehr an Gleichaltrigen.

Dieser Prozess der Loslösung dauert sehr lange und kann nur gelingen, wenn Eltern ihr Kind fördern und unterstützen. Auf keinen Fall können Sie Ihren Einfluss auf das Kind an der Schultür abgeben, sondern müssen den schulischen Lebensweg eng begleiten, ohne Ihr Kind dabei einzuengen. Eine gelungene Erziehung und Begleitung zeichnet sich dadurch aus, den schmalen Grat zwischen Loslassen und Festhalten zu finden. Beobachten Sie die Entwicklung Ihres Kindes mit einer angemessenen Distanz, die es Ihnen erlaubt, loszulassen, in schwierigen Situationen aber sofort einzugreifen.

Das Gespräch mit der Schule suchen

■ Viele Eltern sind heute unsicher, wie weit sie sich in die schulischen Angelegenheiten Ihres Kindes einmischen sollen, müssen oder dürfen. Leider ist das Vertrauen in die Kompetenz der Lehrkräfte und in die Bildungslandschaft in Deutschland allgemein nicht besonders hoch. Und auch seitens der Lehrerinnen und Lehrer wird oft Kritik am Erziehungsverhalten der Eltern

geübt. Das erschwert die Kooperation zwischen Eltern und Lehrkräften, die für eine positive schulische Entwicklung sehr wichtig ist. Immer mehr Eltern haben schon vor der Einschulung negative Erwartungen und befürchten, dass ihr Kind nicht optimal gefördert wird. Leider wirkt sich dies auch auf die Kinder aus. Schnell fühlen sie sich ungerecht behandelt und die Eltern wiederum fühlen sich in ihrer negativen Erwartungshaltung bestätigt.

Um solch einem Teufelskreis zu entgehen, sollten Sie den persönlichen Kontakt zu den Lehrkräften früh aufbauen, nicht erst, wenn es Probleme gibt. Besuchen Sie unbedingt alle Elternabende und nutzen Sie die Gelegenheit zum persönlichen Gespräch. Klären Sie, wie Sie am besten Kontakt aufnehmen können, wenn Sie Fragen haben. Nicht jede Lehrkraft ist begeistert, wenn nach Feierabend das Telefon zu Hause von besorgten Eltern blockiert wird. Sicher gibt es eine E-Mail-Adresse oder eine bestimmte Sprechzeit, in der Sie Ihre Fragen stellen können.

Sprechen Sie über Ihr Kind und seine Erwartungen und Wünsche, aber stellen Sie keine Forderungen und setzen Sie keine Ultimaten. Versuchen Sie, mit den Lehrerinnen und Lehrern Ihres Kindes ein gemeinsames Ziel zu formulieren, je nachdem wie der Schulstart verläuft. Da kann es beispielsweise um die Integration in die Klassengemeinschaft gehen, um Trennungsängste oder extrem schüchternes Verhalten. Jede Partei, Eltern und Lehrkräfte, möchte ihr Bestes geben. Schließlich verfolgen sie alle ein gemeinsames Ziel: Alle Kinder zu fördern und zu fordern und einen schönen und erfüllten Schulalltag zu erleben. Haben Sie Geduld und geben Sie auch den Lehrkräften Zeit, sich an die neue Klasse zu gewöhnen und alle Kinder kennenzulernen. <<<

Der Austausch zwischen Schule und Zuhause ist wichtig für eine gute Zusammenarbeit.

Lernen in der Schule

Von Anfang an mit Spaß und Erfolg

■ Die Einschulung und die Erfahrungen mit der Schule in den ersten Tagen und Wochen haben starke Auswirkungen auf das Lernverhalten Ihres Kindes. Je positiver und motivierender diese Erlebnisse sind, desto leichter fällt das Hineinwachsen in die neue Rolle des Schulkindes. Auf den Unterrichtsstil, die Zusammensetzung der Klasse und die Wahl der Lehrer haben Eltern keinen Einfluss und auch den Lehrplan können sie nicht mitbestimmen. Welche Möglichkeiten haben Sie also, um Ihr Kind dennoch optimal zu unterstützen?

Trauen Sie Ihrem Kind etwas zu!

Trauen Sie Ihrem Kind nach und nach immer mehr zu. Das stärkt auch sein Selbstbewusstsein.

■ Kinder wachsen an Herausforderungen, wenn sie diesen standhalten können. Sich Ziele zu setzen, ein Lernpensum einzuhalten, seine Hausaufgaben zu erledigen und die Anforderungen der Schule ernst zu nehmen, lernen Schulkinder in den ersten Wochen. Das selbstständige und verantwortungsbewusste Lernen in der Schule beeinflusst auch den familiären Alltag. Eltern, die ihrem Kind alle Aufgaben abnehmen, tun ihm damit keinen Gefallen.

Die Unterschiede in der Selbstständigkeit bei Kindern im Einschulungsalter sind groß. Kinder mit älteren Geschwistern sind häufig selbstständiger als Einzelkinder oder Erstgeborene. Auch Kinder berufstätiger Eltern, die früh lernen, selbst Entscheidungen zu treffen, sind oft etwas weiter entwickelt als sehr „behütete" Kinder.

Der Schulerfolg Ihres Kindes hängt neben den intellektuellen Möglichkeiten auch sehr stark von seinem Lern- und Arbeitsverhalten ab. Je verantwortungsbewusster Ihr Kind sich mit den Anforderungen der Schule befasst, je selbstständiger es lernt, desto besser. Egal ob ein Kind hochbegabt, besonders

Schritt für Schritt in die Selbstständigkeit

Überlegen Sie, ob Ihr Schulkind die folgenden Aufgaben schon allein bewältigen kann, und schaffen Sie immer wieder Gelegenheiten, in denen es seine Selbstständigkeit erproben kann, zum Beispiel:

- einen Freund in der Nachbarschaft allein besuchen gehen
- zu einer vereinbarten Uhrzeit wieder zu Hause sein
- im nahe gelegenen Laden etwas einkaufen
- bei Freunden oder Verwandten (alleine, ohne Eltern) übernachten
- den Frühstückstisch decken
- für eine kurze Zeitspanne allein zu Hause bleiben
- ein neues Hobby auswählen

talentiert oder „nur" durchschnittlich begabt ist: Ohne Durchhaltevermögen und die Fähigkeit, Angefangenes auch zu Ende zu führen, lässt sich der Erfolg in der Schule auf Dauer nicht halten. Jedes Kind muss in den ersten Wochen und Monaten des Unterrichts lernen, dass seine Eigeninitiative gefragt ist. Zu Hause können Sie dieses Verhalten ganz besonders bei den Hausaufgaben oder beim Lernen für eine Arbeit unterstützen.

Hausaufgaben: Kein Job für Mama

■ Schon in den ersten Wochen erhalten die Kinder kleine Aufgaben, die sie zu Hause erledigen müssen. Bis zu einer halben Stunde pro Nachmittag sollen sich Erstklässler mit ihren Hausaufgaben beschäftigen. Damit wiederholen sie den Schulstoff und bereiten sich auf den nächsten Tag vor.

Unterstützen Sie Ihr Kind schon vom ersten Tag an darin, seine Hausaufgaben allein zu erledigen. Natürlich sollten Sie für Fragen zur Verfügung stehen und auch einen abschließenden Blick auf die getane Arbeit werfen. Ihr Kind soll jedoch lernen, seine Hausaufgaben von Anfang an selbstständig zu erledigen und die Verantwortung dafür zu übernehmen. Es sind „seine", nicht „Ihre" Hausaufgaben. Manche Lehrerinnen und Lehrer sprechen sich eindeutig dagegen aus, dass Eltern die Hausaufgaben ihrer Kinder korrigie-

Ihr Kind lernt nur dann, eine Arbeit selbstständig zu Ende zu bringen, wenn es die Verantwortung dafür übernimmt.

Bei den Hausaufgaben trägt jedes Kind selbst Verantwortung für seine Arbeit

ren. Schließlich zeigen diese auch, ob das Kind in der Lage ist, Aufgabenstellungen selbstständig zu bearbeiten und ob es den Schulstoff des Vormittags verstanden hat. Klären Sie diese Frage auf dem ersten Elternabend.

Die Gestaltung des Arbeitsplatzes

Eine geordnete Umgebung sorgt für Ordnung in den Gedanken.

■ Genauso wie Erwachsene profitieren auch Schulkinder von einer angenehmen Arbeitsatmosphäre und guten Lernbedingungen. Der Arbeitsplatz sollte den kindlichen Bedürfnissen angemessen sein. Am besten eignen sich ein höhenverstellbarer Schreibtisch und ein entsprechender Stuhl, der so eingestellt werden kann, dass Ihr Kind beim aufrechten Sitzen mit den Fußsohlen den Boden berührt.

Bei der Standortwahl für den Schreibtisch gilt es, mehrere Dinge zu bedenken: Vermeiden Sie den direkten Blick aus dem Fenster, denn Fußgänger, vorbeifahrende Autos oder spielende Kinder lenken zu leicht vom Arbeiten ab. Wichtig ist dennoch eine gute Lichtquelle, die den Arbeitsplatz gleichmäßig beleuchtet. Das Licht (Lampe und Tageslicht) sollte bei Rechtshändern deshalb möglichst von links, bei Linkshändern von rechts einfallen. Sonst wirft der Arm Ihres Kindes einen Schatten auf das Geschriebene.

Der Schreibtisch ist ein Arbeitsplatz, der nicht zur Ablage von Spielzeug dienen sollte. Führen Sie diese Regel von Anfang an ein. Auf einem bestimmten Regal (auf Kinderhöhe!) ist Platz für alle Schulbücher und Hefte, die nicht im Ranzen mitgenommen werden müssen. Üben Sie gemeinsam, nach der Fertigstellung der Hausaufgaben den Schreibtisch leer zu räumen. Bewährt haben sich Farbsysteme: Entsprechende farbige Heftumschläge helfen dabei, die einzelnen Hefte den jeweiligen

Tipp:

Viele Erstklässler möchten die Hausaufgaben gerne in der Nähe eines Erwachsenen erledigen und verweigern die Arbeit am Schreibtisch im eigenen Zimmer. Das ist in Ordnung, solange sie konzentriert arbeiten und sich nicht ablenken lassen. Besonders gut gelingt es, wenn Mutter oder Vater parallel dazu ebenfalls eine Schreibtischarbeit erledigen.

Das Gehirn braucht Pausen

Nach 15 bis 20 Minuten sinkt die Leistungsfähigkeit und leidet die Konzentration eines Erstklässlers – eine Pause ist notwendig. Allerdings sollten Lernunterbrechungen nicht länger als fünf oder zehn Minuten andauern, denn schon in dieser kurzen Zeit schöpft der Körper neue Kraft. Sinnvoll ist eine Pause, wenn eine Arbeit abgeschlossen ist und sich das Kind einem neuen Thema zuwendet.

Um sich nicht unnötig ablenken zu lassen, kann Ihr Kind etwas trinken oder ein Musikstück hören. Auf keinen Fall sollte Ihr Kind die Lerninhalte mit neuen, aufregenden Tätigkeiten überdecken. Ein Computerspiel, ein Fernsehfilm oder das Lesen eines spannenden Buches sind als Pausenprogramm nicht geeignet.

Sinnvoll ist es auch, die Fenster zu öffnen und kurz kräftig durchzulüften.

Fächern zuzuordnen. Ganz wichtig ist dabei, bereits von der Schule vorgegebene Farben nicht zu verändern, damit Ihr Kind nicht durcheinanderkommt.

Wenn Sie genau wissen, welche Hefte und Stifte Ihr Kind für die Schule benötigt, sollten Sie einen kleinen Vorrat anlegen. So vermeiden Sie Stress und Hektik, falls Ihrem Kind in letzter Minute noch einfällt, dass es weitere Materialien benötigt.

Unordnung und Chaos, aber auch Ungemütlichkeit, Lärm und Zeitdruck machen Ihrem Kind das Lernen schwer. Daher ist es sinnvoll, ablenkende und störende Einflüsse in der Lernumgebung zu beseitigen. Sorgen Sie für eine ruhige Arbeitsatmosphäre, wenn Ihr Kind Hausaufgaben macht oder – später – für eine anstehende Klassenarbeit lernt. Auch die Geschwister sollten Rücksicht darauf nehmen, dass Ihr Kind beim Lernen Ruhe braucht. Gute Dienste tut dabei ein selbst gemaltes Stopp-Schild, das Ihr Kind während seiner „Arbeitszeit" an die Tür hängt.

Für Kinder ist es hilfreich (und lernpsychologisch sinnvoll), wenn sie die Hausaufgaben regelmäßig zu bestimmten Zeiten bearbeiten: entweder direkt nach dem Mittagessen oder nach einer kleinen (Verdauungs-)Pause. Finden Sie mit Ihrem Kind heraus, welches der beste und effektivste Zeitpunkt dafür ist.

Fördern Sie eine positive Fehlerkultur

■ Besonders ehrgeizige oder sehr sensible Kinder nehmen es oft schwer, wenn sie in der Schule oder bei den Hausaufgaben Fehler machen. Dabei sind Fehler ein natürlicher Teil des Lernprozesses, hinter denen sich der richtige Lösungsweg verbirgt. Das Lernklima zu Hause und in der Schule muss Fehler erlauben und darf keine Angst oder Abwehr davor erzeugen. Wenn Ihr Kind immer wieder erlebt, dass Fehler keine Katastrophen sind, sondern zum Leben dazugehören, kann es nach und nach immer selbstbewusster damit umgehen. Anstatt sich hinter seinen Fehlern zu verstecken, wird Ihr Kind sie akzeptieren und für seinen Lerngewinn nutzen können.

Fehler sind Lernchancen. Denn nur wer Fehler macht und sie erkennt, kann sie bewusst korrigieren.

- Geben Sie Ihrem Kind Aufgaben, die nicht eindeutig lösbar sind und bei denen es mehrere Wege zum Ziel gibt.
- Lesen Sie Ihrem Kind Geschichten vor, in die Sie kleine Fehler einbauen. Für jeden Fehler, den Ihr Kind findet, erhält es einen Punkt.
- Geben Sie eigene Fehler stets zu und gehen Sie ehrlich und offen damit um. Signalisieren Sie: Fehler sind dazu da, um dazuzulernen und um sie kein zweites Mal zu machen.

Nur Kinder, die keine Angst davor haben, Fehler zu machen, sind in der Lage, sich neuen und unbekannten Aufgaben zu stellen. Wer Neues wagt, macht (meistens) Fehler.

Die ersten Schultage finden fast alle Kinder schön, aber schon nach kurzer Zeit werden sie von der Realität eingeholt. Schule bedeutet Arbeit, und ab und zu gilt es auch Misserfolge auszuhalten. Viele Kinder müssen es erst lernen, mit diesen Frustrationen umzugehen. Sprechen Sie mit Ihrem Kind über seine Erfahrungen und lassen Sie es seine Enttäuschung schildern. Zeigen Sie sich verständnisvoll, aber machen Sie auch deutlich, dass Misserfolge zum Lernen dazugehören. Haben Sie Geduld und zeigen Sie Ihrem Kind, dass Sie großes Vertrauen in seine Fähigkeiten haben und auch in schwierigen Situationen zu ihm stehen.

Unterstützen Sie Ihr Kind behutsam dabei, nach und nach selbstständiger zu werden und immer mehr Verantwortung zu übernehmen. Es ist ganz normal, wenn diese Entwicklung nicht gleichmäßig linear verläuft, sondern Ihr Kind ab und zu Rückschritte macht. Jede Umstellung erfordert ihre Zeit. Manchen Kindern gelingt sie schnell und reibungslos, andere denken noch lange Zeit wehmütig an den vertrauten Kindergarten zurück. Probleme lassen sich meistens schnell und nachhaltig lösen. Sollten sich allerdings über einen längeren Zeitraum massive Ängste oder Komplikationen entwickeln, gilt es, ein baldiges Gespräch mit der Lehrkraft zu führen.

Gute Rahmenbedingungen

■ **Bewegung:** Immer mehr Kinder leiden unter Bewegungsmangel, wie Sportlehrer und Kinderärzte besorgt feststellen. Sie verbringen viel Zeit vor dem Fernseher oder dem Computer, gehen selten ins Freie oder auf den Spielplatz und werden viele Wege von ihren Eltern mit dem Auto gefahren. Das fördert die Trägheit und wirkt sich negativ auf die Leistungsfähigkeit aus. Die fehlende Energie beeinflusst auch das Lernverhalten negativ. Achten Sie darauf, dass Ihr Kind sich jeden Tag mindestens eine Stunde bewegt, am besten an der frischen Luft.

Schlaf: Ausreichend Schlaf ist ebenfalls notwendig, um in der Schule leistungsfähig zu sein und Spaß am Lernen zu entwickeln. Grundschulkinder benötigen acht bis zwölf Stunden Nachtruhe, um fit und ausgeruht zu sein. Auch hier empfiehlt es sich, feste Zeiten zu vereinbaren und einzuhalten: Wann geht

Ermutigen Sie Ihr Kind zu selbstständigem Handeln und zeigen Sie ihm Wege auf, auch Frustrationen auszuhalten.

Ihr Kind ins Bad zum Zähneputzen, wann geht es ins Bett, wann macht es das Licht aus?

Ernährung: Als weitere Komponente darf eine ausgewogene, vitamin- und ballaststoffreiche Ernährung nicht fehlen. Ein frisches Frühstück mit Milchprodukten, Vollkorn und Obst, ein reichhaltiges Mittagessen mit Gemüse und Saftschorlen und ein leichtes Abendessen versorgen Ihr Kind optimal mit Nährstoffen und Ernergie. Zwischenmahlzeiten in der Schule und am Nachmittag sollten ebenfalls frisch und möglichst leicht sein, damit sie den Körper Ihres Kindes nicht belasten.

Zeitmanagement: Spätestens mit der Einschulung Ihres Kindes erfordert die Koordination aller Termine einer Familie ein hohes Maß an Managementqualitäten. Neben den unveränderlichen Schul- und Arbeitszeiten müssen auch Hobbys, Termine bei Ärzten, Einkäufe und Besuche bei Freunden und Bekannten organisiert werden. Das ist gar nicht so einfach. Hilfreich ist dabei ein Familienplaner, in den Sie alle Termine eintragen. So verlieren Sie nicht so schnell den Überblick. Um nicht unter Druck zu geraten, sollten Sie jeden Tag Zeitfenster für Erholung und Unvorhergesehenes einplanen. Legen Sie die Termine nicht zu eng zusammen, sondern planen Sie zwischen zwei Aufgaben möglichst 30 Minuten Zeit ein.

Lob und Anerkennung motivieren Ihr Kind

■ In der Schule muss Ihr Kind jeden Tag neue Aufgaben bewältigen; das erfordert Anstrengung und Energie. Für seine Anstrengungsbereitschaft, zum Beispiel für das regelmäßige Erledigen der Hausaufgaben, hat Ihr Kind Anerkennung verdient. Dabei ist es egal, ob die Hausaufgaben fehlerfrei sind oder nicht. Wichtig ist, dass Ihr Kind sich bemüht hat, seine Aufgaben zu erledigen. Dies sollten Sie unbedingt anerkennen. Auch das pünktliche Aufstehen, der ordentlich gepackte Ranzen, die weitergeleiteten Lehrerbriefe oder das selbstständige, abendliche Zähneputzen sollten immer wieder gelobt werden. Diese positiven Rückmeldungen stärken Ihrem Kind den Rücken und helfen ihm dabei, auf seine Fähigkeiten zu vertrauen und auf die vielen neuen Herausforderungen, die die Schule mit sich bringt, vertrauensvoll zuzugehen.**<<<**

Ermöglichen Sie Ihrem Kind „kleine" Erfolge, indem sie ihm kindgerechte Aufgaben übertragen, und loben Sie es dafür.

Bücher für Kinder

Hier finden Sie Buch-Tipps für die Schultüte oder auch für die Monate vor der Einschulung. Einige der Titel sind auch später, aufgrund der großen Schrift und wegen der kurzen Sätze, für die Schulanfänger geeignet.

■ **Martin Baltscheit**

Die Geschichte vom Löwen, der nicht schreiben konnte
Beltz & Gelberg Verlag 2010

Ein Löwe merkt, dass neben dem Brüllen auch das Schreiben eine nützliche Fähigkeit ist. Zumal, wenn man das Herz einer lesenden Löwin erobern möchte. Er stolziert von Tier zu Tier, aber keiner kann ihm dabei helfen, einen Liebesbrief zu schreiben. In seiner Verzweiflung brüllt er die Liebeserklärung heraus und findet Gehör bei einer hervorragenden Lese-Lehrerin, der schönen Löwin.

Das liebevoll gestaltete Buch bringt den Sinn des Lesens und Schreibens eindrücklich nahe. Wenn das keine Motivation zum Lernen ist…

■ **Eveline Hasler,**
Karoline Kehr

Schultüten-Geschichten
Verlag dtv junior 2011

In diesem neu und erfrischend illustrierten Sammelband finden sich die drei Klassiker der Autorin: „Der Buchstabenvogel", „Der Buchstabenclown" und „Der Buchstabenräuber". Die Geschichten regen dazu an, selbst mit Buchstaben und Wörtern zu jonglieren und machen neugierig auf das „Abenteuer Lesen".

■ **Sabine Jörg, Ingrid Kellner**

Der Ernst des Lebens
Thienemann Verlag 2003

„Wenn du in die Schule kommst, beginnt der Ernst des Lebens" – diese Worte der Erwachsenen bereiten Annette, die bald in die Schule gehen soll, eine diffuse Angst. Ein Glück, dass sich dieser „Ernst" als freundlicher Banknachbar entpuppt.

Dieses schöne Buch ist gut geeignet, um Kindern die Angst vor der Schule zu nehmen.

■ **Liane Schneider,**
Eva Wenzel-Bürger

Conni kommt in die Schule
Carlsen Verlag 2010

Conni erlebt alle Schritte vom Ende der Kindergartenzeit bis zu ihrer Einschulung: die Voruntersuchung beim Arzt, den Kauf des Schulranzens, den ersten Schultag und die ersten Hausaufgaben. Sie erhält – zusammen mit den Lesern – viele Antworten auf ihre zahlreichen Fragen. Die Geschichte transportiert mit großer Leichtigkeit viel Sachwissen. Genau das Richtige für neugierige Schulanfänger. (Dieser Titel ist auch als Hörbuch erhältlich.)

■ **Ingo Siegner**

Der kleine Drache Kokosnuss kommt in die Schule
cbj-Verlag 2004

Der kleine Drache Kokosnuss trägt stolz seine knallbunte Schultüte in die Schule. Unterwegs trifft er auf den Fressdrachen Oskar, der leider vom Schulbesuch ausgeschlossen ist, da er möglicherweise seine Klassenkameraden auffressen könnte. Doch Oskar beweist in einer Rettungsaktion seinen Mut und einem guten Ende steht nichts mehr im Wege. Jeder hat neben seinen Schwächen auch Stärken und auf die kommt es an. Ein Mutmach-Buch, das Leseanfänger im Laufe des ersten Schuljahres auch aktiv mitlesen können.

■ **Lucy Scharenberg,**
Marina Krämer

Antonia und Ole kommen in die Schule
KERLE 2011

Antonia kann es kaum abwarten, morgen ist ihr erster Schultag. Ihr Freund Ole dagegen hat Bedenken und findet jede Menge Gründe, die gegen die Schule sprechen. Doch als die Beiden bei einem spontanen Besuch im Schulhaus feststellen, wie schön es dort ist und wie nett ihre Klassenlehrerin sie willkommen heißt, breitet sich die Vorfreude auch bei Ole aus.

Eine Bilderbuchgeschichte, die Mut für und Lust auf den Schulstart macht.

Zum Weiterlesen

Bücher für Erwachsene

■ **Gertrud Teusen**

Erfolgreich in die Schule starten: Vorschulzeit, Einschulung, 1. Schuljahr
Urania Verlag 2009

Ein praxisorientierter Ratgeber für Eltern angehender Erstklässler. Vorbereitend für und auch begleitend während des ersten Schuljahrs. Ein Buch, das viele Fragen beantwortet, Ängste nimmt und Sicherheit gibt.

■ **Monika Rammert, Elke Wild**

Hausaufgaben ohne Stress
Verlag Herder 2008

Ein konstruktives Begleitbuch mit vielen praktischen Anregungen für Hausaufgaben ohne Stress. Die vielen konkreten Tipps und Übungen setzten bei den Stärken des Kindes an. Somit hilft das Buch Eltern, sich nicht von den Misserfolgen frustrieren, sondern von den kleinen positiven Schritten aufbauen zu lassen.

■ **Manfred Spitzer**

Lernen - Gehirnforschung und die Schule des Lebens
Spektrum Akademischer Verlag 2006

Lernen ist eine natürliche Lieblingsbeschäftigung des Menschen. Hier setzen die interessanten Informationen über das menschliche Gehirn und den Vorgang des Lernens des Psychologen, Philosophen und Medizinprofessors Manfred Spitzer an. Dieses auch vom interessierten Laien gut zu lesende Fachbuch bietet viele interessante Gedanken rund ums Lernen.

Informations- und Beratungsmöglichkeiten

■ **Bundeskonferenz für Erziehungsberatung e.V.**
Tel.: 0911/ 977140
E-Mail: bke@bke.de
www.bke.de

Hilfen für Kinder, Jugendliche und Eltern bieten qualifizierte Fachkräfte in über 1000 Erziehungs- und Familienberatungsstellen im gesamten Bundesgebiet an.

■ **Deutscher Bildungsserver**
Tel.: 069/ 247080
E-Mail: dbs@dipf.de
www.bildungsserver.de

Informationen für Eltern und Pädagogen aus allen Bundesländern zur Bildung im vorschulischen und schulischen Bereich.

■ **Online-Familienhandbuch des Staatsinstituts für Frühpädagogik (IFP)**
www.familienhandbuch.de

Eine Vielzahl von Beiträgen unterschiedlichster Autoren zu nahezu allen Themen rund um Familie und Erziehung. Mit vielen weiteren Kontaktdaten zu Angeboten und Hilfen.

Informationen zu alternativen Schulkonzepten

■ **Bund der Freien Waldorfschulen**
Tel.: 0711/ 210420
E-Mail: bund@waldorfschule.de
www.waldorfschule.de

Informationen der Freien Waldorf- und Rudolf-Steiner-Schulen in Deutschland mit Angaben zu Waldorfpädagogik, Lehrerausbildung, den weltweiten Waldorfschulen und aktuellen Themen.

■ **Montessori-Pädagogik**
Tel.: 03644/ 560075
E-Mail: post@ifap-apolda.de
www.montessori.de

Eine Seite für alle, die sich für reformpädagogische Ansätze in Kindergarten und Schule interessieren oder für die, die einfach neugierig sind.

■ **Verband Deutscher Privatschulverbände**
Tel.: 030/ 284450880
E-Mail: vdp@privatschulen.de
http://www.privatschulen.de

Der VDP informiert Sie über Bildungseinrichtungen in freier Trägerschaft, über Schule, Aus- und Weiterbildung, Arbeitsmarktdienstleistungen sowie über die Aktivitäten des Verbandes.

Die Autorin

Uta Reimann-Höhn
ist Diplompädagogin, Lerntherapeutin und Autorin
zahlreicher Lernmaterialien und Bücher.
www.lernfoerderung.de

Impressum

»Einmal 1. Klasse, bitte!« ist ein
Sonderprodukt der Zeitschrift mobile und des Internetauftritts
www.mobile-elternmagazin.de.

Alle Rechte vorbehalten – Printed in Germany
© Verlag Herder Freiburg im Breisgau 2011
www.herder.de

Titelfoto: Heidi Velten, Leutkirch-Ausnang
Fotos Innenteil:
Seite 5: Stígur Karlsson/ iStockphoto
Seite 6: Heidi Velten, Leutkirch-Ausnang
Seite 12: Ivan Bajic/ iStockphoto
Seite 20: MorePixels/ iStockphoto
Seite 23: fatihhoca/ iStockphoto
Seite 28: Andrew Rich/ iStockphoto
Seite 31: Inspirestock Dluxe/ F1online
Seite 41: Getty Images
Seite 42: Christopher Futcher/ iStockphoto
Seite 48: Jacques Alexandre/ Kids Images
Seite 50: Westend61/ F1online
Seite 57: somenski/ Fotolia

Illustrationen: Eva Czerwenka
Layoutkonzept: Büro MAGENTA, Freiburg
Satz und Layout: Arnold & Domnick, Leipzig
Druck und Bindung:
fgb · freiburger graphische betriebe, www.fgb.de
Gedruckt auf chlorfrei gebleichtem Papier

ISBN. 970-3-451-00644-9